BIBLIOTHÈQUE
DE PHILOSOPHIE CONTEMPORAINE

PRÉCIS

DE

LOGIQUE ÉVOLUTIONNISTE

L'ENTENDEMENT

dans ses rapports avec le langage

PAR

PAUL REGNAUD

Professeur de sanscrit et de grammaire comparée
à la Faculté des lettres de Lyon

PARIS
ANCIENNE LIBRAIRIE GERMER BAILLIÈRE ET Cⁱᵉ
FÉLIX ALCAN, ÉDITEUR
108, BOULEVARD SAINT-GERMAIN, 108

1897

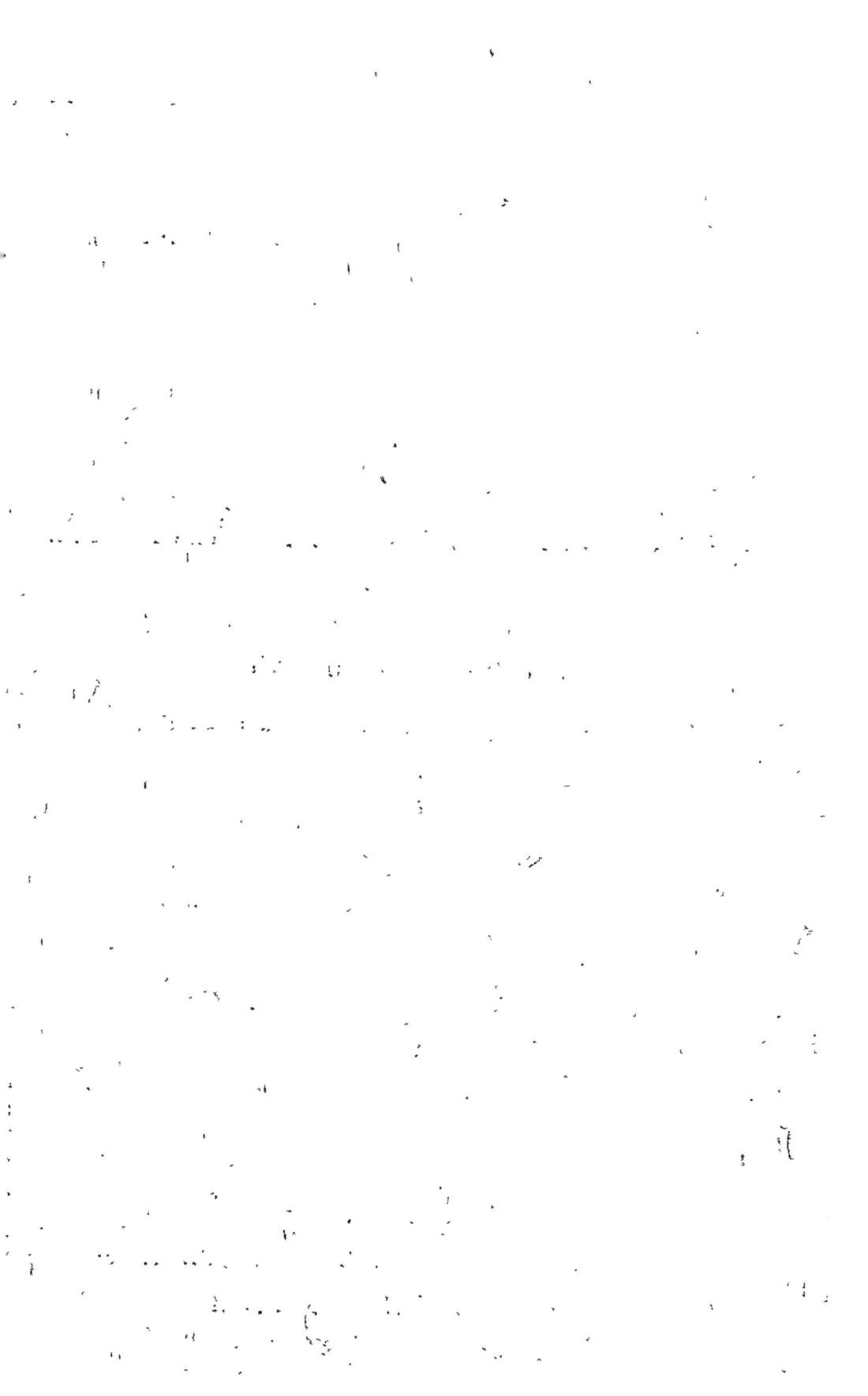

PRÉCIS

DE

LOGIQUE ÉVOLUTIONNISTE

Du même Auteur

Exposé chronologique et systématique d'après les textes, de la doctrine des principales Upanishads. — Thèse qui a valu à l'auteur le diplôme d'élève de l'École des Hautes-Études (28e et 34e fascicules de la Bibl. de l'École des Hautes-Études), Paris, Vieweg, 1874-1876.

Les Stances érotiques morales et religieuses de Bhartrihari. Un vol. in-16, Paris, Leroux, 1876.

Le Chariot de terre cuite (Mrcchakatika), drame sanscrit du roi Çûdraka; avec notes tirées d'un Commentaire inédit, 4 vol. in-16, Paris, Leroux. 1877.

La Rhétorique sanscrite, exposée dans son développement historique et ses rapports avec la rhétorique classique. Thèse pour le doctorat ès lettres; un volume grand in-8, Paris, Leroux, 1884. — Ouvrage honoré par l'Académie des Inscriptions et Belles-Lettres du prix Delalande-Guérineau.

Essai de linguistique évolutionniste. 1 vol. grand in-8. Paris, Leroux, 1886.

Origine et philosophie du langage, ou Principes de linguistique indo-européenne (ouvrage couronné par l'Académie des sciences morales et politiques). 2me éd. Un vol. in-12, Paris, Fischbacher, 1888. 3 50

Principes généraux de linguistique indo-européenne. in-12. Paris, Hachette & Cie, 1889 . . . . . . 2 fr.

Le Rig-Véda et les origines de la mythologie indo-européenne. Un volume grand in-8, Paris, Leroux, 1892.

Les premières formes de la religion et de la tradition dans l'Inde et la Grèce. Un volume in-8, Paris, Leroux, 1894.

Phonétique historique et comparée du sanscrit et du zend, dans la collection des Annales de l'Université de Lyon, 1895.

Éléments de grammaire comparée du grec et du latin. — Deux volumes in-8. — Paris, A. Colin & Cie, 1895-96.

Lyon. — Imp. A. Rey, 4, rue Gentil — 14660

PRÉCIS

DE

LOGIQUE ÉVOLUTIONNISTE

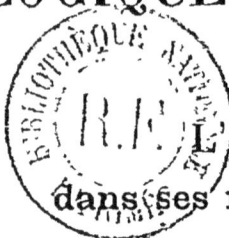

L'ENTENDEMENT
dans ses rapports avec le langage

PAR

PAUL REGNAUD

PROFESSEUR DE SANSCRIT ET DE GRAMMAIRE COMPARÉE
A L'UNIVERSITÉ DE LYON

PARIS

ANCIENNE LIBRAIRIE GERMER BAILLIÈRE & Cie

FÉLIX ALCAN, ÉDITEUR

108, BOULEVARD SAINT-GERMAIN, 108

1897

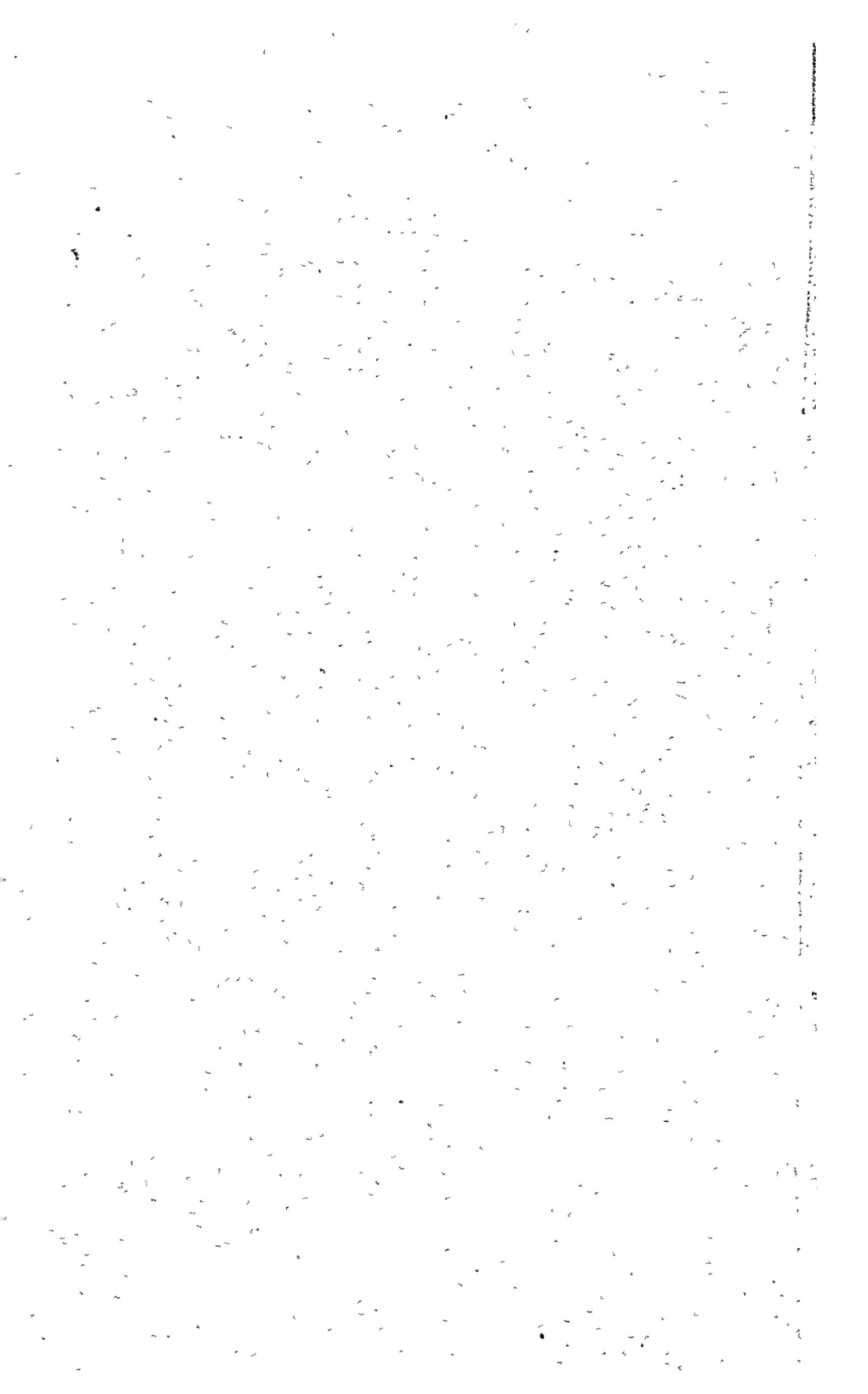

PRÉFACE

La plupart des logiciens célèbres étaient aussi grammairiens. Sans remonter jusqu'à Aristote, qui peut être considéré comme le père de la logique et de la grammaire grecques, il suffira de citer, en ce qui regarde la France, Arnaud, Condillac et les idéologues; et, si nous regardions à l'étranger, nous ne refuserions le second titre, à côté du premier, ni à Locke, ni à Leibnitz. Mais la grammaire ne se confond pas avec la linguistique. Celle-ci est, à la vérité, une extension de celle-là; mais elle ne s'est développée scientifiquement qu'avec la répartition des langues en familles et la comparaison entre elles, soit des différentes familles de langues, soit et plutôt encore des différents dialectes d'une même famille. Or, la linguistique ainsi conçue est née d'hier. Elle n'existait ni pour Locke, ni pour Leibnitz, ni pour Condillac, ni pour Degérando et Destutt de Tracy. Stuart Mill et Lotze auraient pu essayer de l'utiliser; mais ils ne l'ont pas fait et il n'y a pas beaucoup à le regretter, car à l'époque où leurs travaux ont paru la science comparative du langage attendait encore trop de progrès, qu'elle a réalisés depuis, pour qu'ils aient pu en tirer grand profit. Quoi qu'il en soit, on peut poser en fait que jusqu'ici les logiciens les plus autorisés, malgré l'étroite connexité des deux sciences, n'ont pas bénéficié de la haute grammaire. D'ailleurs, et malheureusement, la réciproque est si vraie et les linguistes ont si peu, je ne dirai pas d'égard, mais de curiosité pour la logique, qu'il en est qui vont jusqu'à laisser entendre que la philosophie du langage est, dans l'état actuel de nos connaissances, un vain mot et une vaine science.

C'est ainsi qu'on s'expose à se méconnaître en ne se fréquentant pas. En réalité la science de la raison et celle du langage tiennent ensemble par les liens les plus intimes; elles sont aussi étroitement apparentées que peuvent l'être la physique et la chimie. Elles se reflètent et s'éclairent l'une l'autre, et de telle sorte qu'elles ne s'expliquent et ne se complètent que l'une par l'autre. La constitution du langage est la logique appliquée, de même que la logique n'est à bien des égards que la codification des lois du langage.

Que de problèmes réputés insolubles se résolvent d'eux-mêmes dès qu'on tient compte de ces rapports! Et comme il devient clair par exemple, à la lumière de la logique, que le langage, dont l'économie repose sur la distinction des genres, des espèces et des individus et qui, comme tel, ne comporte en dernière analyse que des pronoms, des adjectifs et des substantifs, ne saurait s'expliquer par une agglutination d'éléments significatifs vagues équivalant confusément à toutes les parties du discours; — de même que la vraie nature et les relations de la proposition, de la définition et des axiomes prennent une évidence et une certitude, à la faveur de l'analyse linguistique, qu'elles ne pourraient recevoir d'ailleurs.

L'auteur, pénétré de la nécessité et de la fécondité de la méthode qui consiste à tirer tout le parti qu'il convient de l'étude des liens fondamentaux qui rattachent ensemble les figures de nos idées exprimées par les mots et la manière de s'en servir, ou l'office de la raison, n'a pas hésité à tenter l'entreprise d'en fournir des preuves d'ordre pratique, c'est-à-dire d'esquisser une logique conçue en conséquence. Il s'est autorisé pour le faire des quelques droits qu'il croit avoir au titre de linguiste. Il en a beaucoup moins, il est vrai et l'on ne s'en apercevra que trop, à celui de logicien et de philosophe. Il n'en espère pas moins ouvrir une voie intéressante et utile, au cours de laquelle ceux qui viendront après lui pourront suppléer à ses omissions et rectifier ses erreurs.

Lyon, 15 mars 1897.

PREMIÈRE PARTIE

LES CONDITIONS DU RAISONNEMENT

CHAPITRE PREMIER

**Notions préliminaires. — Les signes. — La logique
dans ses rapports avec les signes.**

1. — La connaissance, ou la science, est
directe ou indirecte.

La connaissance directe est le résultat du
rapport immédiat des sens avec les phénomènes ou les objets.

La connaissance indirecte a lieu par l'intermédiaire des signes, qui jouent, vis-à-vis
des sens, le rôle même des phénomènes ou
des objets signifiés.

Le signe est le phénomène ou l'objet qui
rappelle à l'esprit, à l'aide des sens, l'idée

ou la connaissance d'un autre phénomène ou d'un autre objet.

2. — Le signe suppose toujours la connaissance antérieure *directe*, personnelle ou transmise, de la chose signifiée. Il n'est donc dans aucun cas l'initiateur de la science ; il en forme comme la monnaie et sert seulement à la mobiliser ou à la transmettre d'individu à individu, c'est-à-dire, pour commencer, de celui qui l'acquiert directement par la perception du signifié à celui qui se contente de la perception du signe.

3. — Les signes sont de deux sortes : naturels ou conventionnels.

On entend par signes naturels ceux qui sont en relation nécessaire et constante avec la chose signifiée, comme l'effet avec la cause ou la cause avec l'effet. C'est ainsi que le bruit du tonnerre (effet) est le signe naturel de l'éclair (cause), et qu'inversement la lueur de l'éclair (cause) est le signe naturel du bruit du tonnerre (effet).

Nous verrons que le langage, à son origine sous forme de cri, est le signe naturel d'un besoin ou d'une émotion.

4. — Les signes conventionnels se subdivisent à leur tour en deux sortes : ceux qui le sont tacitement et ceux qui le sont expressément.

Appartiennent à la catégorie des signes tacitement conventionnels, les représentations ou images artificielles dues à la sculpture, au dessin ou à la peinture, ainsi que les gestes qui désignent les choses en les montrant.

L'écriture, sous la forme dite hiéroglyphique, a commencé par être la sculpture, le dessin ou la peinture des objets désignés par elle. Plus tard, elle est entrée dans la catégorie des signes expressément conventionnels en devenant phonétique, c'est-à-dire en représentant les sons des mots qui désignent les objets ; comme telle, elle est en quelque sorte une méthode significative au second degré. La substitution du système phonétique au système hiéroglyphique, ou directement imi-

tatif, s'est effectuée d'ailleurs par l'emploi,
à titre de signe du son donné, du hiéroglyphe
utilisé d'abord pour représenter un objet dont
le nom commençait par ce son, comme si,
par exemple, l'image d'un bœuf, de plus en
plus altérée ou abrégée à mesure qu'elle deve-
nait plus cursive, avait fini par servir de signe
au son *b*.

5. — Les signes expressément conventionnels sont, à côté des lettres de nos alphabets
actuels, tous ceux qui font l'objet d'une en-
tente préalable entre les individus qui les
emploient.

6. — La Logique est la science qui traite
d'une manière générale de l'origine, de la
valeur et de l'usage des signes vocaux ou du
langage. Bien que les Grecs en aient eu une
idée moins compréhensive, ou plutôt moins
nette que celle sur laquelle cette définition
s'appuie [1], le nom qu'ils lui ont donné, λογική

---

[1] Cette même définition suppose, bien entendu, que
les opérations logiques de l'esprit ne se manifestent et

(τέχνη), l'art qui concerne la parole ou le discours, convient parfaitement à son objet.

n'existent pour autrui qu'à l'aide de la pensée figurée par des signes, et particulièrement par ceux qui constituent le langage. Ce qu'on peut appeler la logique tacite, ou le langage intérieur, c'est-à-dire les impulsions rationnelles, subjectives et indépendantes de toute expression, ou restent obscures, même pour les individus qui les éprouvent, ou n'acquièrent de la clarté et ne prennent conscience d'elles-mêmes qu'à l'aide du langage extérieur répercuté et utilisé mentalement par la mémoire.

CHAPITRE II

Les signes vocaux ou le langage.

7. — Le cri est l'antécédent direct du langage articulé. Le langage initial ou le cri est l'effet physiologique ou le *signe naturel* d'une émotion ou d'une sensation vive, externe ou interne, c'est-à-dire transmise directement par la perception, comme un coup ou une caresse, ou provenant d'un sentiment développé dans le moi, comme la faim ou la soif, etc.

Le cri, en tant que signe, est devenu tacitement conventionnel par l'étroitesse et la constance de sa relation avec la sensation dont il résulte. Autrement dit, c'est ainsi qu'il a signifié spontanément et généralement la cause qui le provoque.

On peut se représenter une époque tout à fait primitive où, le cri étant monotone, se trouvait être le signe uniforme de la sensation propre à le produire. Il correspondait alors comme élément linguistique ou significatif au pronom démonstratif, *ceci, cela*, désignant par une même émission de voix les sensations quelconques susceptibles de lui donner naissance.

8. — Mais les modifications physiologiques des organes vocaux, favorisées sans doute par la diversité des sensations qui le provoquaient, eurent pour effet nécessaire de produire des modulations correspondantes du cri, qui lui permirent de *signifier* d'une manière spéciale cette diversité même.

A ce second stage, les variantes du cri, appliquées naturellement aux variantes de la sensation, désignèrent celles-ci par leurs qualités distinctives. Entendons que le cri provoqué par une sensation *douce* ou agréable devint différent du cri provoqué par une sen-

sation *dure* ou douloureuse, et par là naqui-
rent des sons vocaux qui constituèrent des
substantifs, si l'on entend par là le nom des
objets ou des causes extérieures de la sensation agréable ou pénible, mais des substantifs
à valeur adjective, si l'on tient compte du fait
qu'ils *signifiaient* avant tout la qualité ou
l'attribut par lequel l'objet externe affectait
le sujet criant ou parlant.

Dans tous les cas, ce nouveau stade diffé-
rait sous le rapport logique du premier en ce
que, alors que celui-ci réunissait verbalement
en une même catégorie ou dans un même
genre toutes les sensations signifiées par le
cri, les nouvelles conditions du cri significatif
avaient pour effet de permettre de distinguer
désormais, parmi les causes externes de la
sensation, différentes catégories ou différents
genres séparés entre eux par leur manière d'af-
fecter le sujet, ou par les *qualités* au moyen
desquelles ils entraient en relation avec lui.

9. — Jusqu'ici nous n'avons affaire qu'à

des influences irrationnelles et d'ordre physiologique. Mais avec la distinction significative du cri-vocable, on peut, on doit admettre
l'éveil, en ce qui le concerne, de la conscience
individuelle, et désormais l'influence de l'esprit sur les développements ultérieurs du
langage. Ces développements se coordonne-
ront de plus en plus avec ceux de l'intelligence même et les reflèteront d'autant mieux
qu'ils en procéderont davantage.

Rappelons, pour mettre ces rapports en
relief, que la notion des choses acquises par
la perception, ou la connaissance proprement
dite, va de l'indéterminé au déterminé en
passant par des transitions qui s'écartent
de plus en plus du point de départ pour se
rapprocher de plus en plus du point d'arrivée
ou du but. En d'autres termes, la première
impression des objets sur les sens, soit qu'il
s'agisse de l'état psychologique de l'humanité
commençante, de l'enfant au début de la
vie ou même de l'adulte actuel passant brus-

quement, comme au moment du réveil, de la non-perception à la perception, est la confusion ou le chaos auquel succède graduellement la distinction de plus en plus délicate et précise des caractères qui différencient les objets.

Le langage a fait de même. Après la période confuse où il ne s'appliquait qu'au *genre universel* des objets propres à provoquer le cri ; après la période suivante déterminée par une distinction rudimentaire des *genres généraux* ou de ceux que caractérisent les différentes qualités qui mettent ces genres en rapport avec la sensibilité répercutée par la voix du sujet parlant, — des distinctions plus précises, signifiées par de nouvelles formes vocales, ont atteint enfin les *genres* proprement dits et donné naissance aux *noms communs*, simples variantes synonymiques à l'origine des noms-adjectifs de la période précédente.

Comparons ce qui se passe pour l'homme

qui, ignorant, par exemple, les distinctions
génériques sur lesquelles la botanique est
fondée, commence par grouper sous le terme
largement généralisateur d'*herbes* toutes les
plantes qui garnissent un pré, ou sous celui
d'*arbres* toutes les essences ligneuses qui
peuplent une forêt. Ce n'est que plus tard
et en tenant compte, par un minutieux examen, des différences et des ressemblances que
présentent entre elles les plantes du pré et
les arbres de la forêt, qu'il pourra, en s'ai-
dant des nomenclatures techniques, distinguer et dénommer chacune des espèces qu'il
confondait d'abord sous une même idée et
sous un même nom.

L'esprit humain a procédé instinctivement
de même quand il s'est agi de développer de
concert l'intelligence et le langage, avec cette
différence qu'il innovait, alors que l'homme
moderne n'a plus, en pareil cas, qu'à appliquer,
à l'aide de la science acquise, les inventions
inconscientes et spontanées de ses ancêtres.

10. — Il va de soi que, dans chacune des trois périodes dont nous avons esquissé les traits distinctifs, le cri ou le vocable significatif n'a pu s'attacher tout d'abord qu'à un seul objet du genre dénommé, pour s'étendre ensuite d'une manière bien naturelle à tous les individus de ce genre. C'est ainsi que les noms des genres proprement dits (3ᵉ période) sont devenus les *noms communs* à tous les objets ou individus d'un même genre. Exemples : cheval, thym, chêne, etc.

La création de ces noms des genres réels eut d'ailleurs pour effet nécessaire de *désaffecter* en quelque sorte, à titre de noms des genres désormais déclassés, ceux des larges catégories (genres généraux — 2ᵉ période) qui les avaient précédés. Et comme ceux-ci s'appliquaient aux choses en tant que distinguées par leurs qualités saillantes, ils devinrent, ou plutôt ils restèrent par convention tacite les noms de ces qualités, ou des adjectifs, ou, ce qui revient encore au même, les

noms des genres-qualités. Exemples : dur
ou le dur, primitivement le genre des choses
dures ; doux ou le doux, primitivement le
genre des choses douces ; sonore ou le sonore, primitivement le genre des choses sono-
res, etc.

11. — Jusqu'ici nous ne nous sommes
rendu compte que des noms individuels, mais
immédiatement, pour ainsi dire, transformés
en noms de genres ou en noms communs.
A savoir :

1° Le nom du genre tout à fait général ou
unique, — pronom démonstratif;

2° Le nom des genres plus généraux que
les genres proprement dits, — nom des
genres-qualités ou adjectif;

3° Le nom des genres proprement dits ou
réels, — nom commun.

Mais si une observation relativement superficielle avait fait confondre d'abord sous une
même dénomination tous les individus du
même genre, comme auparavant une obser-

vation plus superficielle encore avait groupé
autour d'une désignation unique plusieurs
genres qu'apparentait entre eux une même
qualité saillante, on ne tarda pas à remarquer
qu'au sein des genres mêmes, les individus ou
les objets comportaient des différences carac-
téristiques qui permettaient et nécessitaient,
pour compléter le système verbal significatif, l'emploi de désignations particulières
ou de *noms propres*. Une difficulté d'ordre
pratique s'opposait toutefois à ce que la méthode, qui servait à la désignation des genres,
fût appliquée à celle des individus composant
les genres. Ces individus étant innombrables
ou susceptibles de l'être, il y avait impossibilité, en effet, à moins de multiplier à l'infini les dénominations elles-mêmes et de les
rendre par là impropres à l'usage qu'on en
attendait si la mémoire était incapable de les
retenir et de les classer, d'en attribuer d'une
manière spéciale une à chacun d'eux. L'esprit humain s'en rendit compte instinctive-

ment, peut-être à la suite d'essais infruc-
tueux. Dans tous les cas, il fut amené par
la force des choses à recourir à une combinaison que facilitait l'organisation actuelle
du langage et qui consistait à dénommer les
individus, les objets, ou les phénomènes individuels en ajoutant au nom du genre auquel
appartenait l'objet particulier qu'il s'agissait
de désigner (nom commun), celui de la différence caractéristique ou de la qualité à la
fois propre et saillante de cet objet, c'est-
à-dire à l'aide de l'adjectif correspondant.
Par là, le matériel existant du langage suffisait au but qu'il fallait atteindre et la difficulté dont il a été question se trouvait évitée.
— Exemples : L'homme grand, le rosier
nain, la fleur fanée, etc. [1]

12. — La plupart des noms propres d'ap-

---

[1] En pareil cas, la qualité co-dénominative de l'individu est extra-générique et peut même devenir, en se
perpétuant et se fixant dans sa postérité, le point de départ d'un nouveau genre.

parence simple impliquent un terme générique sous-entendu qui les range dans la catégorie des noms propres complexes.

Exemples : Pyrrhus, c'est-à-dire (l'homme) Roux ; la (rivière) Furieuse ; Argos, la (ville) Blanche ou la Brillante, etc.[1].

---

[1] A une époque où la linguistique scientifique était encore à naître, Buffon, ainsi que l'atteste le passage suivant, a merveilleusement pressenti les conditions sur lesquelles repose l'économie logique du langage :

« Les hommes ont commencé par donner différents noms aux choses qui leur ont paru distinctement différentes ; et en même temps ils ont fait des dénominations générales pour tout ce qui leur paraissait à peu près semblable. Chez les peuples grossiers et dans toutes les langues naissantes, il n'y a presque que des noms généraux, c'est-à-dire des expressions vagues et informes de choses du même ordre, et cependant très différentes entre elles : un chêne, un hêtre, un tilleul, un sapin, un if, un pin n'auront d'abord eu d'autre nom que celui d'*arbre*, ensuite le chêne, le hêtre, le tilleul se seront tous trois appelés chêne, lorsqu'on les aura distingués du sapin, du pin, de l'if, qui tous trois se seront appelés *sapin*. Les noms particuliers ne sont venus qu'à la suite de la comparaison et de l'examen détaillé qu'on a fait de chaque espèce de choses. On a augmenté le nombre de ces noms à mesure qu'on a plus étudié et mieux connu la nature : plus on l'examinera, plus on la comparera, plus il y aura de noms propres et de dénominations par-

LES NOMS D'OBJETS, LES NOMS D'ACTION, LES NOMS D'AGENT

13. — Les noms communs se subdivisent en noms de genres composés d'individus ou d'objets d'apparence plus ou moins permanente : homme, arbre, pierre, etc. ; et en noms d'actes, c'est-à-dire de phénomènes plus ou moins transitoires : chant, danse, marche, éclat, etc. Dans les deux cas, le signe verbal ou vocal, le nom, en un mot, repose sur une perception externe, qui d'ailleurs explique le signe puisque toute signification suppose un signifié.

Il importe toutefois de remarquer que les noms d'action *(marche)*, et surtout les noms d'agent qui les accompagnent *(marcheur)*,

ticulières... L'ignorance a fait les genres, la science a fait et fera les noms propres, et nous ne craindrons pas d'augmenter le nombre des dénominations particulières toutes les fois que nous voudrons désigner des espèces différentes. » *(Histoire naturelle,* article *Rat.)*

appartiennent plutôt encore à la catégorié des
adjectifs qu'à celle des noms communs. La
désignation « ce qui chante » ou « le chant »
s'est appliquée d'abord, selon toute vraisem-
blance, à un individu *chantant*, c'est-à-dire
désigné par sa qualité actuelle la plus saillante et qui ne correspond à l'idée de genre
que sous sa forme la plus abstraite et la plus
fugitive. Quant à la différence entre le nom
d'action et celui d'agent, elle correspond purement et simplement à celle qui distingue les
genres grammaticaux : « ce qui chante » ou
« le chant » (l'acte de chanter) est le neutre du
masculin « celui qui chante » ou « le chanteur », et l'un et l'autre ont pour même
antécédent une forme qui n'impliquait pas
encore l'idée des genres grammaticaux.

14. — Du nom d'agent est issu le verbe,
qui n'est autre à l'origine qu'un nom d'agent
aux variantes duquel se sont attachées successivement les idées de personne, de nombre, de temps et de mode.

Je chante est l'équivalent historique[1] et logique de *moi actuellement chanteur* ou *chantant*.

LES NOMS CONCRETS, LES NOMS ABSTRAITS

15. — A l'origine, tout nom est *concret*, c'est-à-dire qu'il est le signe d'un objet perçu d'ensemble et avec toutes les qualités et modes qui le distinguent.

Les noms *abstraits* sont devenus tels en passant au rang d'adjectifs, ou de noms de qualités, c'est-à-dire en subissant la modification significative en vertu de laquelle le terme « brillant », par exemple, a cessé de désigner un genre concret, celui des choses particulièrement brillantes, pour se restreindre à la dénomination de la qualité maîtresse de ces choses (3e période). Or, comme cette qualité n'est pas l'unique caractère qui les

[1] Voir ma *Grammaire comparée du Grec et du Latin*, t. II, chap. II.

distingue, quand on la dénomme seule on la
sépare arbitrairement de celles qui l'accompagnent, en un mot on l'en abstrait, et le
mot ainsi créé et employé est un terme abstrait, ou une abstraction. — En résumé, donc,
une abstraction est le nom d'une qualité.
Exemples : le brillant, le sec, le liquide, etc.
Ou bien encore, le chant, la danse, etc., en
tant que ces actes sont considérés abstraction faite du sujet qui les exécute et dont ils
sont un mode qui lui est au moins momenta-
nément inhérent.

16. — Il résulte de ce qui précède qu'au
point de vue logique, on intervertit l'ordre des
faits en disant que, dans l'expression «le brillant », l'adjectif est employé substantivement:
en réalité, quand on dit « un astre brillant »,
on rend adjectif un ancien substantif abstrait,
c'est-à-dire qu'on l'applique à désigner la
qualité d'une chose déterminée, au lieu de
cette qualité considérée généralement et isolément partout où elle se manifeste. En un

mot, et nous revenons par là à un procédé
déjà mis en relief, on combine la désignation
d'un *genre abstrait* (qualité — le brillant) avec
la désignation d'un *genre concret* (substance
— l'astre) pour désigner un individu de ce
dernier genre.

17. — Le langage en se développant a
d'ailleurs marqué bien expressément ce caractère des mots abstraits, en créant, à côté de
ceux qui sont devenus adjectifs de la manière
qui vient d'être rappelée, des noms[1] communs
proprement dits ayant pour fonction exclusive de désigner génériquement la qualité
abstraite : il en est ainsi de l'expression « la
blancheur » auprès du synonyme antérieur
« le blanc » et de l'adjectif « blanc » ; ou bien,
sans que les mots correspondants appartiennent à la même famille phonétique, « l'éclat »
auprès du synonyme « le brillant » et de la
forme purement adjective « brillant ».

[1] Ici la désignation de substantif serait éminemment
impropre.

18. — Mais les notions adjectives ou de qualité ne proviennent pas exclusivement de l'analyse instinctive qui consiste à ne voir et à ne dénommer que l'éclat, par exemple, dans une chose brillante; il est d'autres adjectifs, et en grand nombre, de formation secondaire, qu'on peut appeler synthétiques et qui s'appliquent à des qualités complexes, c'est-à-dire à l'ensemble de celles qui caractérisent tout particulièrement un genre ou un individu; tels sont *viril,* celui qui possède les principales qualités de l'homme, à savoir la force, le courage, la résolution, l'aspect physique, etc.; *césarien,* ce qui procède de César, ce qui est en relation avec lui par la communauté de certaines circonstances, etc.

Les qualités synthétiques ne constituant qu'un groupe partiel eu égard à l'ensemble des qualités du genre ou de l'individu qu'elles concernent, sont abstraites au même titre que les qualités analytiques. Il en est de même des désignations qui s'y rapportent et qui se

rangent à ce titre dans la catégorie des noms
abstraits sous leur double forme. Exemples :
le viril, ou la virilité ; l'humain, ou l'humanité ; le puéril, ou la puérilité, etc.

19. — L'origine des noms abstraits, leur
véritable nature et la définition qui en découle excluent de la catégorie de ces noms
ceux qui désignent, ou qui plutôt semblent
désigner des choses qui échappent aux sens.
A priori, le langage ne saurait en posséder de
tels, puisque tout nom est par définition le
signe d'une chose perçue (7). Il est facile
de voir qu'un abstrait comme « puérilité »,
etc., n'est pas de nature à faire exception,
puisqu'il désigne l'ensemble des *manières
d'être* qui sont propres à l'enfant. De même,
l'âme est originairement et étymologiquement
le souffle vital, comme Dieu est le brillant,
c'est-à-dire l'éclat du feu sacré. Nous verrons
plus loin, d'ailleurs, que tous les noms des
êtres imaginaires ont désigné d'abord des
êtres réels ou considérés comme tels. Quant

aux noms des états d'âme et des facultés mentales, leur détermination au sein de la conscience n'a pu s'accomplir et se préciser qu'à l'aide de mots les désignant, à titre de causes ou d'effets, par leurs causes ou leurs effets externes et physiquement perceptibles. C'est ainsi qu'au point de vue étymologique, la foi est le lien, l'engagement exprès et de fait dont elle est la garantie morale, — la passion, l'ardeur, l'activité qu'elle provoque, — la crainte, le tremblement qui l'accompagne, — l'intelligence, la distinction des particularités qui différencient les choses, etc.

LES NOMS DE NOMBRE

20. -- La fonction et la signification primitives de l'expression *un* sont celles d'un *démonstratif indéfini* indiquant la relation du mot qu'il détermine avec le genre universel ou indéterminé [1]. Exemple : « un homme »,

---

[1] Ceci revient à dire que le mot *un* employé substantivement et absolument *(l'un)* ne saurait désigner que le

à savoir « l'un, l'indéterminé en tant qu'homme », ou l'indéterminé se déterminant par son rapport avec la notion attributive « homme ». Comparer l'expression « un homme gros », où la notion générique « homme » se détermine à son tour par son rapport avec la notion attributive « gros ».

21. — Les noms de nombre supérieurs à *un* ne sont autres que des démonstratifs indéfinis *collectifs*, ou des synthèses verbales de l'individualité ou de l'unité répétée. C'est-à-dire que *deux* est une dénomination spéciale pour « un, un »; *trois*, pour « un, un, un », et ainsi de suite à l'infini.

22. — Les noms de nombre ont avant tout pour rôle logique, soit d'attribuer sous une forme abrégée ou synthétique l'idée du genre auquel ils appartiennent à un ou à plusieurs individus de ce genre : « un homme », « deux hommes », à savoir « un individu

genre universel : lui seul est *un* ou *sans relation* avec un genre supérieur.

du genre homme et un individu du genre
homme », — soit d'attribuer de pareille manière une qualité individuelle à un ou plusieurs individus du même genre : « un homme
blond», « deux hommes blonds », à savoir « un
individu du genre homme, blond, et un individu du genre homme, blond », etc. Il suit de
là que le nombre concret (le seul qui réponde
à une perception ou à une idée) *signifie* un individu ou une série d'individus appartenant à
un même genre, considérés d'ensemble et
abstraction faite du reste du genre.

Il s'ensuit encore que, tout nom de nombre
supérieur à *un* étant une expression destinée
à signifier abréviativement une collection d'u-
nités, cette expression n'a qu'une valeur verbale et ne correspond à d'autre idée qu'à celle
des individualités qu'elle rend collectives ;
autrement dit, *deux*, répétons-le, est un
nom qui ne correspond à aucune réalité
spéciale, mais dont l'objet réel est *un* et *un*.
En d'autres termes encore, en dépit du mot

unique qui les désigne, nous ne percevons et
ne concevons les phénomènes collectifs que
sous leur forme individuelle.

En résumé, la collection des individualités
du même genre sous la forme du nombre est
en parallélisme exact avec l'ensemble des
qualités d'un même objet sous la forme de la
substance : l'une et l'autre ne sont rien, abstraction faite des individualités d'une part,
et des qualités de l'autre.

23. — Les noms de nombre supérieurs à
un sont, non seulement des collectifs eu égard
à l'idée individuelle exprimée par le démonstratif indéfini *un,* ils marquent aussi (en y
comprenant l'unité) l'ordre ou le rang, c'est-
à-dire qu'ils servent à classer ou à *numéroter*
les phénomènes individuels ou collectifs qui
se rattachent à un même genre, surtout sous
la forme des adjectifs ordinaux : « premier,
deuxième, troisième... centième, etc. ». Ce
rôle leur a été dévolu instinctivement par suite
de l'habitude prise par la mémoire, et dont la

cause s'indique d'elle-même, de ranger ces noms dans l'esprit dans l'ordre même de leur accroissement : « un » ; « un, un » ou « deux » ; « un, un, un » ou « trois », etc. ; de là un procédé de classement naturel qu'il suffisait, pour en tirer parti, d'appliquer sous une forme concrète : « l'homme un » ou « premier », « l'homme deux » ou « second », « l'homme trois » ou « troisième », etc.[1]

24. — A côté du sens précis d'individualité et de collectivité, d'une part, et d'ordre, d'autre part, dont nous venons de voir l'origine, les noms de nombre ont un autre sens impliqué et vague qui se rapporte à l'idée de quantité, ou d'intensité plus ou moins grande de la qualité qu'ils peuvent être appelés à déterminer. Entendons que, quand nous constatons, par exemple, que le thermomètre marque dix degrés au-dessus de zéro, le mot *dix* nous suggère une certaine idée de l'état

---

[1] Comparer le procédé de classement qui consiste à employer de la même façon les caractères de l'alphabet.

de la température différente·de celle que fe-
rait naître dans notre esprit le nombre *cinq*.
Mais c'est le cas de nous rappeler d'une manière générale que le langage, vide de sens à
l'origine sous la forme d'un cri indéfini, s'est
frappé, au gré des circonstances et sans harmonie préétablie, à l'effigie des objets dont il est
devenu le signe et qu'il a pu *signifier* ainsi sans
convention primordiale et expresse, — qu'un
adjectif, «brillant », par exemple, n'a pris ce
sens que par l'idée que lui ont infusée les
objets brillants auxquels il s'est appliqué naturellement à une époque où il n'était autre
encore qu'une variante des noms du genre
universel; — qu'en ce qui concerne le cas
qui nous occupe et tous les analogues, ce sont
les effets physiques, agissant différemment sur
notre sensibilité, d'une température de dix
ou de cinq degrés qui ont fini par s'associer
dans notre esprit avec le nombre de ces degrés, et qu'en résumé les ,noms de nombre,
loin d'apporter avec eux l'idée de quantité

qualitative (l'intensité de la sensation de froid ou de chaud) qu'ils éveillent, l'ont reçue des circonstances dans lesquelles ils sont employés [1].

IDÉES D'ESPACE, DE TEMPS, DE NOMBRE ET D'INFINI [2]

25. — On appelle *espace* l'impression dite d'étendue qui résulte de la perception de deux ou plusieurs phénomènes simultanés.

On appelle *temps* l'impression dite de durée qui résulte de la perception de deux ou plusieurs phénomènes successifs.

[1] C'est par la même raison extrinsèque que, quand l'on peut établir que la série des effets d'un phénomène donné, comme le froid ou le chaud, est en rapport exact avec la série des degrés correspondants en tant que ceux-ci sont désignés par des noms de nombre, ces noms peuvent servir de base à des calculs dont les résultats s'appliquent aux effets mêmes dont les nombres sont les symboles. La voix des chiffres en pareil cas n'est que l'écho des faits correspondants.

[2] Il est bien entendu que ces idées sont examinées ici abstraction faite de toute considération d'ordre métaphysique, et au point de vue seul de leur rapport avec la sensation et la manière dont elles se sont manifestées dans le langage.

On appelle *nombre*, nous le savons déjà
(21), l'impression dite d'unité ou de pluralité,
qui résulte de la perception singulière ou
collective des phénomènes qui se développent
dans l'espace et le temps.

Si l'on considère que l'idée d'espace résulte
du fait de perception que plusieurs phénomènes simultanés ne peuvent se produire
dans un. même lieu ; que celle de temps a
pour cause le fait de perception que différents
phénomènes qui se produisent dans un même
lieu ne sauraient être simultanés, — on cons-
tatera que le langage exprime à cet égard une
notion adéquate en adoptant, par exemple, les
mots pied ou coudée pour désigner une certaine étendue, et les mots heure ou saison pour
désigner une certaine durée. Toute longueur
déterminée, comme le pied ou la coudée, suppose en effet la possibilité d'une étendue qui
laisse place à plusieurs mesures du même
genre perceptibles d'un seul coup d'œil ; de
même que l'idée de saison ou d'heure impli-

que celle d'une saison ou d'une heure qui succède à celle que l'on a en vue. Les signes, en pareils cas, sont de nature à suggérer les conditions des choses signifiées, et on ne peut rien leur demander de plus. Ceci revient à dire, d'ailleurs, qu'en partant des définitions ci-dessus, l'espace et le temps sont choses concrètes ou tangibles (la vue d'ensemble ou successive de plusieurs phénomènes) que le langage exprime par des symboles concrets ou tangibles (plusieurs coudées ou différentes saisons bout à bout).

26. — Remarquons maintenant que les dilemmes suivants s'imposent à l'esprit par l'effet de la perception même : tout phénomène, à moins d'être permanent, est remplacé par un phénomène qui lui succède ; tout phénomène, à moins d'être continu, est limité par un phénomène qui l'avoisine. Cette constatation a donné naissance à ce qu'on appelle l'idée d'infini en durée et en étendue.

De plus, toute substance étant susceptible

d'une addition ou d'une soustraction dont rien
ne limite la possibilité théorique, la notion
de l'infini en nombre s'ajoute ainsi aux deux
autres. Ici encore, nous sommes en présence
d'idées d'origine sensible, que le langage peut
refléter et qu'il reflète en effet, si nous remarquons que le mot infini = illimité ne comporte rien au delà des propositions expéri-
mentales qui précèdent [1].

27. — *Tableau du développement des formes logiques
du langage.*

1º *Formes simples.*
Survivance du cri. — Interjections.

---

[1] Nous pouvons dire encore que l'idée d'infini ainsi
comprise est inhérente à l'esprit humain en ce sens que,
constitué uniquement pour percevoir des phénomènes
réels ou imaginaires (c'est-à-dire fournis par la mémoire), il transporte partout avec lui cette faculté et ne
cesse de refléter des images qui remplissent pour lui le
temps et l'espace en quelque lieu et à quelque moment
qu'il soit conduit ou reporté par la réalité ou l'imagination. — En réalité, nous ignorons ce qu'est l'infini considéré comme l'ensemble des phénomènes sans limite ima-
ginable qu'impliquent les idées d'espace, de temps et
de nombre. Nous manquons par conséquent d'expression

Genre universel. { Pronom / Article / Noms de nombre } conjonction.

Genres généraux. — Adjectif { noms abstraits. / noms d'action. / noms d'agent. / verbe. / adverbe. / préposition.

Genres proprement dits. — Noms communs.

2° *Formes complexes* (combinaison de l'adjectif et du nom commun).

Désignations individuelles. — Noms propres.

REMARQUE. — Voir ma *Grammaire comparée du Grec et du Latin*, t. II, p. 213-233, pour la manière dont la conjonction se rattache en général au pronom, et la préposition à l'adjectif par l'intermédiaire de l'adverbe.

adéquate, le mot « absolu » étant contradictoire et ne pouvant signifier littéralement que « le fini (de l'infini) ».

CHAPITRE III

Nomenclature. — Terminologie. — Classification.

28. — On peut appliquer le mot de nomenclature à l'ensemble des noms qui composent le langage ou, ce qui revient au même, au système verbal usuel dont l'économie instinctive tend à rendre compte des rapports qu'ont entre eux les objets du langage, ou la série naturellement coordonnée des choses qu'il a pour but de signifier.

A ce double point de vue, le chapitre qui précède concerne la nomenclature générale. Mais celle-ci admet à côté d'elle des nomenclatures particulières dont il nous reste à parler.

29. — Les nomenclatures particulières sont celles qui comprennent exclusivement les noms afférents aux objets d'une science spéciale. Les nomenclatures particulières ou techniques s'appellent aussi terminologie. Les principales nomenclatures particulières techniques ou terminologiques sont celles des mathématiques, de la musique et des sciences naturelles.

Les terminologies sont spontanées ou instinctives, et artificielles ou de convention. La seule terminologie spéciale dont l'origine soit spontanée ou naturelle est celle des nombres; toutes les autres sont l'œuvre voulue des savants et ont été établies pour compléter et ordonner les parties correspondantes de la nomenclature générale ou vulgaire dont l'insuffisance, en ce qui regarde, par exemple, l'étude de la nature, saute aux yeux et résulte du caractère superficiel et incohérent des observations dont les faits qui s'y rapportent sont l'objet de la part du commun des hommes.

Les nomenclatures particulières de l'une et l'autre sorte reposent sur le même système que la nomenclature générale, c'est-à-dire que les genres supérieurs seuls portent des noms simples, tandis que les genres inférieurs et les individus sont dénommés d'une manière complexe et grâce à la combinaison du nom du genre supérieur avec celui de l'attribut caractéristique (ou de son équivalent conventionnellement érigé en nom commun) du genre subordonné, ou de l'individu appartenant à ce genre.

NOMENCLATURE ARITHMÉTIQUE

30. — Les noms des dix premiers nombres correspondent aux noms des qualités du langage ordinaire (8); ceux des dizaines, des centaines, des mille, etc., correspondent aux noms des genres et s'étagent de telle sorte que chacun des supérieurs vaut par convention tacite dix fois celui qui lui est immédiatement

inférieur. La désignation des nombres qui embrassent un ou plusieurs de ces genres en comprend le nom auquel s'ajoute, s'il y a lieu, celui des unités de la première dizaine qui le complètent. Exemples :

genre   unités qualitatives

quarante   -   cinq

genre supérieur et   unités
genre inférieur   qualitatives

cent vingt   -   six

genre   genre   genre   unités
supérieur   intermédiaire   inférieur   qualitatives

mille   huit cent quarante . -   cinq, etc.[1]

Ici, comme pour la nomenclature générale ou le langage usuel, on est en présence d'un système de réduction des appellations indivi-

---

[1] Chaque genre est susceptible de recevoir, à titre de qualificatif multiplicateur (*huit*, par exemple, dans *huit cents*), l'un quelconque des nombres simples, de manière à figurer à l'aide de ce développement du système tous les nombres qui s'intercalent entre un genre supérieur et un genre inférieur.

duelles fondé sur une méthode analogue, et qui consiste dans des combinaisons fournies par les éléments que les premières formes du langage mettaient à cet effet à la disposition de l'esprit humain.

La nomenclature spéciale des nombres, comme la nomenclature générale, est l'objet d'un système significatif en sous-ordre. Pour celle-ci, ce système consiste dans l'écriture proprement dite, et pour celle-là dans le système graphique appelé numération, dont les procédés sont en rapport, comme on le sait, avec l'ordonnance même de la numération parlée.

NOMENCLATURE MUSICALE

31. — La nomenclature de la musique, ou plutôt de la notation musicale, est fondée sur ce fait que les sons groupés par gamme, c'est-à-dire par ensemble de tons embrassant la portée de la voix et espacés au point de vue de la tonalité d'une manière qui est tou-

jours la même, quelle que soit la gravité ou
l'acuité du point de départ, se distinguent
entre eux par la durée, ou la valeur temporelle, et par le ton, ou la valeur vibratoire. Dans
cette nomenclature, soit parlée, soit écrite,
mais surtout écrite, les noms conventionnels
de la valeur temporelle des notes, à savoir les
mots : « *blanche, noire, croche*, etc. », correspondent au nom de qualités, et les noms conventionnels de la valeur tonale de chaque
note, à savoir les mots « *do, ré, mi*, etc. »,
aux noms de genres. La combinaison des
deux noms détermine la note ou le son musical qu'il s'agit° de désigner. Exemple : «do
croche, ré noire, mi blanche, etc. ». Le plus
souvent on sous-entend dans la langue parlée
l'indication de la valeur temporelle des notes,
parce qu'on l'a presque toujours sous les yeux
en lisant ou en exécutant la musique. D'autres
termes spéciaux, tels que ceux qui indiquent
les clefs, les demi-tons, le mouvement, etc.,
complètent cette nomenclature et en aug-

mentent la précision ; mais le procédé reste dans tous les cas celui qui vient d'être indiqué et qui rentre dans la méthode générale que nous connaissons.

NOMENCLATURE DES SCIENCES NATURELLES

32. — Exemple de nomenclature minéralogique :

genres supérieurs ou compréhensifs

classe des métalloïdes, famille des arsénites, genre arsenic

genre inférieur ou exclusif

arsenic natif

Exemple de nomenclature botanique :

genres supérieurs ou compréhensifs

Phanérogames — Dicotylédones — Conifères

genre inférieur ou exclusif

pin

Exemple de nomenclature zoologique :

genres supérieurs ou compréhensifs

Mammifères. — Genre chien.

genre inférieur ou exclusif

loup

CLASSIFICATION.

33. — Toute nomenclature suppose une classification, ou l'arrangement dans un certain ordre des objets qu'elle désigne. La classification n'est, à vrai dire, que la raison d'être et la contre-partie d'une nomenclature méthodique ou qui réaliserait le mot célèbre que « la science est une langue bien faite ». Les caractères d'une bonne classification se déduisent facilement de cette définition et de ce que nous savons de l'organisation naturelle du langage. Elle consiste à faire rentrer les genres particuliers dans les genres généraux ou compréhensifs qui les embrassent, comme, par exemple, le genre loup dans le genre chien et le genre chien lui-même dans le genre supérieur, ou la catégorie des mammifères.

Les bases de toute classification naturelle reposent sur l'expérience ou la science, — science très rudimentaire, très incomplète et souvent très fautive, telle qu'elle ressort de l'observation vulgaire traduite par le langage courant ; mais de plus en plus perfectionnée aux mains des savants, c'est-à-dire des observateurs méthodiques et exacts qui joignent à l'emploi de la méthode baconienne les instruments nécessaires pour profiter des recherches de leurs devanciers et pour tirer le meilleur parti possible de leurs travaux. C'est à ces savants que sont dues les nomenclatures ou classifications artificielles dont nous avons donné plus haut des exemples.

Quant au principe qui préside à l'établissement scientifique de la subordination des genres, il s'appuie évidemment sur les rapports chronologiques, là où il est possible de les établir, qui existent entre les familles

apparentées. Toute classification dans un
domaine donné doit correspondre à un
enchaînement général des espèces qu'elle
embrasse, résultant des liens d'origine qui
rattachent, par toute la série des intermédiaires, les plus récentes aux plus anciennes. La
classification artificielle et savante redevenue
à vrai dire naturelle, par sa conformité avec
le développement général des choses, aura
d'autant plus de valeur qu'elle se rapprochera
davantage de l'arbre généalogique des genres
dont elle est destinée à imiter et à signifier
les relations [1].

[1] Les classifications irrationnelles, comme celles qui
reposent sur l'ordre alphabétique, sont celles où l'on fait
abstraction de l'idée de genre et d'espèce.

CHAPITRE IV

La Proposition.

34. — La proposition est la désignation, la description, la détermination verbale ou simplement la dénomination d'un individu, d'un objet ou d'un phénomène général ou particulier, qui repose ou est censée reposer directement ou indirectement sur la perception ou l'observation.

La proposition ne diffère réellement du nom propre qu'en ce que celui-ci réduit les désignations individuelles à leur plus simple expression, — exemple : Henri IV; tandis que celle-là les développe en multipliant les indications qui les complètent

3.

dans la mesure qu'exigent les circonstances.
Exemple : Henri IV fut roi de France[1].

Les éléments essentiels de la proposition
sont, par conséquent, les mêmes que ceux
de la dénomination particulière ou du nom
propre : à savoir un nom générique (ou
son substitut individuel) appelé *sujet*, et une
qualification caractéristique du sujet appelée *attribut*, qui se présente le plus souvent sous la forme d'un verbe. Exemples :
« l'homme marche ; Pierre parle ; le soleil
brille ». Or, nous savons que le verbe n'est
autre chose que le substitut logique de
l'adjectif-nom d'agent (14). Les propositions

---

[1] Le rapport de ces deux formes de la désignation
individuelle permet de résoudre la question subtile et
assez oiseuse, du reste, de la compréhension et de l'extension des noms en général, et tout particulièrement
des noms propres. Il est évident que le nom de Henri IV
peut éveiller, chez ceux qui le connaissent déjà, l'idée
de tout ce qui le concerne, mais seulement par voie de
conséquence éventuelle, et nullement en vertu de la signification essentielle des termes qui le désignent. Autrement, les développements auxquels les propositions sont
consacrées seraient tout à fait superflus.

qui précèdent ont donc celles-ci pour antécédents et équivalents : « l'homme (est) marcheur ou marchant ; (l'homme qui s'appelle)
Pierre (est) parleur ou parlant; le soleil (est)
brilleur ou brillant», en sous-entendant toutefois, dans chacune de ces phrases, l'idée du
présent résultant de la valeur temporelle du
verbe employé. Quant à la copule verbale
est, on doit n'y voir que le supplément ou
le substitut que nécessitent les habitudes
actuelles du langage pour tenir la place laissée
vacante par les anciens attributs « *marcheur,
parleur, brilleur* ».

L'insignifiance du verbe *être* en pareil cas
ressort non seulement de ce qu'on peut le
remplacer par un terme verbal plus insigni-
fiant encore, si c'est possible, comme « se montrer, paraître, apparaître, etc. » ; mais surtout
de cette circonstance que la proposition, ra-
menée à ses deux termes essentiels, implique
d'une manière si nette l'existence de son
objet, que toute expression consacrée unique-

ment à la rappeler est superflue ou pléonastique. Toute proposition ne comporte donc, à
la rigueur, que ces deux termes dont le concours est nécessaire pour la détermination de
l'objet quelconque qu'elle a pour but de
signifier ou de dépeindre.

35. — Mais, le plus souvent, les deux termes des propositions simples ne suffisent pas
à la détermination de cet objet. Dans ce
cas, on ajoute un ou plusieurs compléments,
soit au sujet, soit à l'attribut, soit à la fois au
sujet et à l'attribut, et ces compléments
concourent tous à ajouter des circonstances
déterminantes ou qualificatives secondaires à
la déterminante principale qu'exprime l'attribut.

Exemples : 1° Le sujet est complété :
« Jean, fils de Pierre, chante. »
2° L'attribut est complété :
« Jean chante une chanson de son pays. »
3° Le sujet et l'attribut sont complétés :
« Le soleil du matin brille d'un vif éclat. »

Souvent aussi le complément consiste dans une incise qui comporte un sujet et un attribut secondaires, susceptibles d'ailleurs de recevoir eux-mêmes des compléments.

Exemples de propositions complétives :

« La terre, qui tourne autour du soleil, est beaucoup plus petite que lui. »

Les phrases comme celle-ci : « Je désire qu'il vienne = je désire sa venue» montrent d'ailleurs qu'une proposition complétive ne diffère que pour la forme d'un simple complément du sujet ou de l'attribut.

Très souvent les propositions complétives ont pour origine une manière abrégée d'indiquer des circonstances de lieu, de temps ou de manière. Exemples : « Je les trouverai où ils sont réunis »; c'est-à-dire, au lieu de leur réunion. — « Je le verrai quand il viendra »; c'est-à-dire, le jour de sa venue. — « Je le suivrai s'il le veut »; c'est-à-dire, dans le cas de sa bonne volonté.

36. — Le développement d'un même sujet,

c'est-à-dire l'indication détaillée de ce qui le concerne, nécessite souvent l'emploi d'une série de propositions grammaticalement indépendantes les unes des autres, mais qui s'enchaînent logiquement, en ce sens qu'elles concourent à une même description. Il en est ainsi de celles qui composent un livre bien ordonné et dont on peut donner pour exemple l'exposé d'une science, l'histoire d'une nation, la biographie d'un personnage célèbre, les récits imaginaires qu'on appelle romans et, en un mot, toutes les œuvres littéraires quels qu'en soient le genre et l'objet.

37. — Au point de vue de la manière dont se présentent les faits qu'elles concernent, les propositions se subdivisent comme suit :

1° Les *affirmatives* qui décrivent ou constatent simplement un fait : « le soleil luit ».

Celles-ci se divisent à leur tour en *descriptives relatives* : « le soleil luit (en ce moment) »; et en *descriptives absolues* ou de définition : « le soleil luit », c'est-à-dire a pour propriété de luire.

2° Les *dubitatives* ou *hypothétiques* qui s'appliquent à des choses conditionnelles : « le soleil luit si le ciel n'est pas couvert ».

3° Les *négatives* dont l'objet est de démentir ce qu'établiraient les affirmatives : « le soleil ne luit pas ».

4° Les *interrogatives* destinées à solliciter la constatation ou la négation de l'objet qu'elles concernent : « le soleil luit-il ? »

38. — On peut remarquer, à propos des compléments, que les verbes actifs sont ceux qui expriment une action considérée comme susceptible de différents effets que le régime appelé direct a pour rôle d'indiquer. Exemples : « j'écris un livre ; j'écris une lettre. » Les verbes neutres, au contraire, sont ceux qui sont privés de régime directs, comme si l'action qu'ils expriment n'était pas susceptible de différents effets. Exemples : « le soleil brille ; le cheval court ; la femme gémit. »

Mais on ne saurait trop remarquer qu'il s'agit de simples habitudes du langage, et non de catégories que justifie l'analyse logique. Il suffit, pour s'en rendre compte, de constater qu'avec les verbes neutres le régime indirect remplit le plus souvent les fonctions du régime direct des verbes actifs, en ce sens qu'il exprime la diversité des résultats de l'action marquée par le verbe. Exemples : « le soleil brille d'un vif éclat; le cheval court d'un trot léger; la femme gémit d'une manière douloureuse. » Ce qui revient à dire, avec une tournure active, pour cette dernière phrase : « la femme pousse des gémissements douloureux. »

DEUXIÈME PARTIE

LES CATÉGORIES LOGIQUES

CHAPITRE PREMIER

Les qualités. — Les relations.

39. — L'intelligence, ou la connaissance des individus, des objets ou des phénomènes, s'effectue successivement par la perception directe ou indirecte de leurs qualités et de leurs relations.

40. — Les *qualités* sont les différents modes sous lesquels les choses perçues affectent les sens de l'être intelligent qui les perçoit. Ceci revient à dire que les qualités sont les caractères distinctifs des choses au regard des sens ou de la perception. On peut ajouter

qu'elles se confondent avec l'existence ou
l'*être* que nous ne connaissons que par elles.

41. — Les qualités se divisent, d'après la
division même des sens qui les perçoivent,
en couleur, forme, grandeur, durée, nombre,
ou ce que perçoit la vue (25); son, ou ce que
perçoit l'ouïe ; odeur, ou ce que perçoit le sens
olfactif ; saveur, ou ce que perçoit le goût ;
forme, densité, température, pesanteur, etc.,
ou ce que perçoit le tact.

42. — L'ensemble des qualités d'un même
objet s'appelle *substance*, d'où il suit que la
substance n'est que le nom commun ou collectif de ces qualités.

43. — Le premier stade de l'intelligence
consiste dans le fait de distinguer les choses
d'après les différentes manières dont elles affectent nos sens par l'effet de la perception.

Les notions qui résultent uniquement de
cette opération sont fugitives et confuses, en
ce sens qu'elles manquent de lien entre elles
et échappent ainsi à tout classement métho-

dique et raisonné qui permette à la mémoire
d'en prendre possession dans un ordre déterminé. Aussi la connaissance ne s'achève-t-elle
que par la notion, venant après celle des qualités proprement dites d'un objet considéré
isolément, de ces mêmes qualités considérées
dans des objets différents, c'est-à-dire de leurs
relations. On appelle, en effet, *relation* la ressemblance qu'ont entre elles les qualités de
deux ou de plusieurs objets différents. Il faut
remarquer pourtant qu'en raison du caractère
variable des conditions sur lesquelles repose
la manifestation des qualités, cette ressemblance n'est jamais parfaite : en réalité, il y
a autant de qualités différentes que d'objets
qualifiés. Seulement, on réunit en un même
groupe celles qui sont voisines les unes des
autres, et l'on en fixe autant que possible
l'idée et les nuances d'après un type ou un
étalon conventionnel. Exemple : la couleur
verte qui comporte autant de variétés qu'il
peut y avoir d'objets verts; mais on peut

distinguer entre tel qui est vert clair et tel qui est vert foncé, d'après le vert de l'arc-en-ciel considéré comme type du vert proprement dit et base constante de comparaison.

Nous verrons toutefois plus loin comment la notion des qualités peut s'asseoir sur des bases plus fixes que celles de la perception pure et simple.

44. — Achevons avant tout de définir la connaissance, en disant qu'elle comporte, en dernier ressort, l'idée de la relation des qualités perçues avec l'étalon qui leur sert en quelque sorte d'insigne, et qui seul permet de les classer dans la mémoire d'une façon régulière et durable.

45. — Les relations se divisent en relations naturelles et relations artificielles ou conventionnelles.

Les relations naturelles sont celles qui portent sur les qualités d'ordre sensible et inhérentes aux choses. On peut en dresser le tableau suivant :

Vue
- couleur — vert, jaune, etc.;
- forme — rond, carré, etc.;
- qualités de l'étendue — long, large, etc.;
- qualités de la durée — vieux, jeune, etc.;
- qualités numériques — un, plusieurs, etc.

Ouïe — son : grave, aigu, etc.;

Goût — saveur : âcre, doux, etc. ;

Odorat — odeur : celle de l'orange, celle du lilas, etc.

Tact
- forme — rude, lisse, etc. ;
- densité — mou, dur, etc;
- température — froid, chaud, etc;
- pesanteur — lourd, léger, etc.

Sens intime — impression agréable, pénible, etc.

Qualités dont la constatation requiert les notions concomitantes d'espace et de temps. — mobile, inerte, etc.

Qualités communes à toutes les notions sensibles. — causalité, filiation, généralité, particularité.

46. — Les relations artificielles ou conventionnelles sont celles qui résultent de la ressemblance qu'ont entre elles les catégories analogues des choses instituées ou imaginées par l'homme. Les exemples suivants suffiront pour en donner l'idée :

Communauté de patrie entre les habitants d'un même pays. — Communauté de profession entre les cultivateurs, les soldats, les magistrats, etc. — Communauté de volonté et de but à atteindre entre le serviteur et le maître. — Communauté de possession entre un débiteur et un créancier, etc.

OBSERVATIONS SUR LES RELATIONS DE GRANDEUR

47. — Ces relations peuvent être exprimées, ou bien d'une manière vague, comme quand on dit :

a est plus ou moins long que b,

a — — lourd que b,

a — — nombreux que b,

a est plus ou moins âgé que *b*,

a   —   —   chaud que *b*, etc.

ou bien d'une manière précise, si on modifie la formule et qu'on dise :

a est aussi long, ou aussi lourd, ou aussi nombreux, ou **aussi âgé**, ou **aussi chaud**, etc., que *b*.

b, dans ce dernier cas, est susceptible de fournir un étalon, ou un type, ou une *mesure* fixe (ce qui revient au même), qui permettra à l'esprit de transformer l'idée superficielle et approximative de qualité, telle que la fournit la perception pure et simple, en *notion exacte*, aux conditions suivantes :

1° L'objet-mesure ne devient tel que si l'on en abstrait mentalement tout ce qui n'est pas la qualité que cet objet doit déterminer. Le mètre, en tant que mesure, est exclusivement une *longueur*, ou un objet du *genre abstrait longueur*.

2° L'objet à mesurer doit de même être considéré exclusivement au point de vue de la

qualité que représente la mesure. L'arbre *a*
doit devenir, pour la circonstance, la longueur *a*, pour qu'il soit possible de déterminer le rapport qui existe entre cette longueur
et la longueur-mètre. Toute mesure, en effet,
repose sur la relation, et il n'y a relation que
là où il y a ressemblance (43).

— Donc réduction préalable de la mesure
et du mesuré à l'unique qualité qu'il s'agit de
déterminer.

3° L'étalon ou la mesure ainsi réduite sera
déterminée, en ce qui regarde le genre de relation qu'elle concerne, par des circonstances
invariables, comme le mètre, par exemple, par
sa relation avec le quart du méridien terres-
tre, ou les degrés du thermomètre centigrade
au moyen des limites de la température marquées par la glace, d'une part, et l'eau bouil-
lante de l'autre, ou bien encore l'heure,
grâce à ses rapports avec la durée de la
présence du soleil au-dessus de l'horizon à
des moments déterminés.

4° La mesure se combinera dans la pratique avec des noms de nombre, de manière à marquer, quand il le faudra, combien de fois l'unité ou l'individualité longueur, chaleur ou durée, appelée mètre, degré, heure, est contenue dans la collectivité d'unités du même genre (21) à laquelle ont été ramenés l'arbre, la température, la journée dont il s'agit de déterminer la mesure.

La précision ainsi obtenue dans la détermination des qualités, au moyen de la mesure, est la condition de la *science* véritable et complète, et c'est par l'emploi de la méthode fondée sur la mesure exacte des qualités qu'elle diffère de la connaissance sensible proprement dite, qui se contente en général d'une simple approximation.

CHAPITRE II

Les genres, les espèces, etc.

48. — Le chapitre consacré plus haut à l'influence exercée par la division naturelle des choses en genres et sous-genres (ou espèces) ... les cadres du langage et ses premiers développements ne nous dispense pas d'examiner ces genres, etc., au point de vue des conditions qui leur sont propres et des catégories qu'ils comportent.

Les prototypes par excellence de l'idée de genre ont été fournis à l'esprit humain par les espèces végétales et animales. La distinction des qualités principales des choses et les premières synthèses *qualitatives* qui en furent le résultat précédèrent, nous l'avons vu, celle des

genres concrets représentés par les végétaux
et les animaux et les catégories d'individus
analogues qu'ils embrassent. Mais ces catégories déterminées et distinguées, non seulement par une série de caractères constants
communs à tous les individus dont elles sont
composées, mais aussi par la transmission indéfinie de ces mêmes caractères à de nouveaux
individus issus de leurs devanciers ont fixé
définitivement l'idée du genre. Un genre naturel est par conséquent l'ensemble des individus du règne végétal ou du règne animal
doués d'une série constante, ou considérés
comme tels, d'attributs communs qui se per-
pétuent par la génération. Toutefois, l'idée du
genre, bien que purement collective et n'existant pas en dehors de celle des individus qui
composent le genre, n'entraîne pas celle d'une
identité complète entre les caractères distinctifs ou les attributs des individus dont ils sont
composés. A côté de ceux qui sont à la fois
communs et constants et qui déterminent le

pareil cas n'est qu'une copule *insignifiante*
qui ne correspond à aucune idée réelle.

Nous remarquerons en conséquence que, le
soleil étant perçu comme brillant, au point de
vue de la perception même la question ne saurait se poser : ni de savoir si brillant et soleil
sont des notions identiques (1er principe),
puisque la perception est unique et ne comporte pas de distinction réelle entre soleil et
brillant ; — ni de savoir si le soleil peut être
à la fois brillant et non brillant (2e principe),
puisqu'il est perçu nécessairement et exclusivement comme brillant ; — ni enfin de savoir
s'il ne peut être que brillant ou non brillant
(3e principe) (et non à demi brillant, etc.), et
pour la même raison.

Le langage d'ailleurs, sous sa forme première, reflétait exactement la perception et
n'impliquait pas plus qu'elle l'analyse illusoire dont le développement de ses formes a
été l'unique cause. Étymologiquement et primitivement, le soleil est le brillant (2e période).

Ce n'est que par oubli du sens étymologique qu'on en est arrivé à redoubler l'épithète et à dire tautologiquement : «le soleil (le brillant) est brillant ». En d'autres termes, et nous le savons déjà (§ 7 *seqq.*), les premières appellations, signes fidèles de la chose signifiée, désignaient par un même mot le nom et l'attribut principal de l'objet à dénommer, ou plutôt ils le dénommaient par cet attribut même : *le brillant* (à savoir, *le soleil*). C'est le vice (vice nécessaire) inhérent d'une part à la tautologie « le brillant (le soleil) brillant », de l'autre, au caractère pléonastique de la copule verbale dans la proposition « le soleil *est* brillant », qui s'est répercuté abusivement dans les théories auxquelles ont donné lieu les prétendues lois formelles de la pensée. En somme, ce sont des catégories plus illusoires encore que superflues et dont il importe de débarrasser la logique.

56. — 1° Pas de causes sans effets; pas d'effets sans causes.

On entend par cause l'antécédent nécessaire d'un effet, et par effet le conséquent nécessaire d'une cause. Cet axiome revient donc à dire : Pas de causes d'effets sans effets; pas d'effets de causes sans causes[1].

2° Deux quantités égales à une troisième sont égales entre elles.

L'égalité consistant dans le fait que deux ou plusieurs objets ont une commune mesure, c'est-à-dire qu'ils sont semblables à un type donné (46), on peut substituer à cet énoncé le suivant : Deux quantités ayant une commune mesure ont une commune mesure.

3° Le tout est plus grand que la partie.

[1] Si l'on objecte que l'axiome peut s'énoncer : Pas de faits sans causes, on l'appuiera sur les données de l'expérience.

On qualifie de plus grand un tout eu égard
à la partie; on qualifie de plus petite la partie,
eu égard au tout. L'axiome revient à dire :
Le plus grand est plus grand que le plus
petit [1].

4° Deux et deux font quatre.

Quatre est le nom synthétique de deux
unités ajoutées à deux autres. Substituons la
formule analytique à la formule synthétique
et nous aurons la tautologie : Deux et deux
font (ou sont) deux et deux. Remarquons

---

[1] La solution logique des axiomes de ce genre peut
aussi se faire de la manière suivante. L'axiome : « Le tout
est égal à la somme de ses parties » est susceptible de
revêtir la forme : « Le tout (l'univers) est les (c'est-à-dire
ses) parties » qu'on peut comparer à la proposition :
« Les hommes sont les mortels. » Les parties sont les
individus du genre tout comme les mortels sont les individus du genre homme. — Les parties (l'ensemble des
parties) sont le tout, comme les mortels (l'ensemble
des mortels) sont les hommes. — Nous percevons le
tout sous la forme partie, comme nous percevons les
hommes (tous les hommes) sous la forme des mortels
(chacun en particulier). Au fond, donc, il y a un rapport
d'identité entre le sujet et l'attribut et nous en connaissons l'origine (54).

5.

à cet égard combien est impropre l'expression fréquente « *prouver* que deux et deux font quatre ». On ne le prouve pas, on l'affirme, et on a le droit de le faire, parce qu'il ne s'agit pas de démontrer la vérité d'une assertion qui pourrait sembler douteuse[1], mais tout simplement d'établir la synonymie tacitement conventionnelle d'expressions correspondantes.

Toutes les opérations de l'arithmétique sont fondées sur des substitutions verbales semblables.

[1] Cette remarque s'applique à tous les axiomes : on ne les démontre pas et on ne peut pas les démontrer parce qu'il n'y a pas en eux matière à démonstration.

CHAPITRE II

La définition.

57. — Définir, au sens le plus large du mot, c'est déterminer un objet, le distinguer d'un autre par la *signification*, ou l'indication au moyen du langage, de ses caractères distinctifs. La définition tend donc au même but que la dénomination pure et simple ou que la proposition (34). Comme celle-ci, la définition peut être complète ou abrégée.

La définition complète est celle qui relate *tous* les caractères ou *toutes* les qualités de l'objet défini.

La définition abrégée ou succincte, la seule dont s'occupent les traités de logique, est celle

qui se borne à indiquer le genre dont fait partie le sous-genre ou l'objet à définir (ce qui
implique l'indication de ses qualités génériques) et la qualité spéciale qui, tout en les
distinguant du genre, les distingue aussi
d'une partie au moins des autres sous-genres
ou des autres objets individuels du même
genre. Exemples : Distinction entre l'espèce
ou le sous-genre, et le genre :

« L'homme (espèce) est un animal (genre)
raisonnable (qualité spécifique). »

Distinction entre l'individu et l'espèce :

« Cet homme (espèce) est brun (qualité
individuelle). »

Ces exemples font voir que la définition
succincte ne peut guère suffire que pour les
distinctions de genre et d'espèce, c'est-à-dire
là où la qualité *spécifique* est, comme son
nom l'indique, un élément exclusif de distinction.

Cette même définition est, au contraire,
visiblement insuffisante quand elle se borne à

distinguer l'individu par l'indication d'une qualité, comme celle d'être brun ; tel homme, en effet, peut l'avoir en commun avec beaucoup d'autres de ses congénères. Ce n'est qu'en multipliant les indications particulières comme, par exemple, si l'on dit : « Un homme brun, grand et gros ; ou, mieux encore, de telle taille et de telle grosseur précises, etc., » qu'on parvient à le désigner d'une manière complètement reconnaissable et propre à éviter toute confusion avec un autre homme.

La définition, quelle qu'en soit la forme, repose directement ou indirectement sur la perception et l'observation. Elle n'est juste que si elle répond exactement aux données de la perception même, et à l'observation qui les contrôle.

58. — Au point de vue verbal, la définition succincte a passé par les mêmes phases que la dénomination et la proposition simples ; autrement dit, elle ne s'est développée que par une tautologie résultant de ce qu'à l'origine

les noms de genre ne sont que les variantes
du nom de la qualité maîtresse de l'objet
perçu (10).

Exemple : « Un astre est un corps céleste,
lumineux. » Ce qui revient à dire, si l'on tient
compte du sens étymologique du mot *astre :*
« Un lumineux est un corps céleste lumineux. »
Ce caractère primitif, qui tient à l'économie
même du langage humain, est encore apparent
dans certaines définitions de mots, lesquelles
ne consistent parfois que dans la combinaison
d'un attribut avec un sujet dont il est en quelque sorte la répétition.

Exemple : « Un mammifère est un animal
qui a des mamelles. » Ce qui équivaut visiblement à la tautologie : « Un animal qui
a des mamelles est un animal qui a des
mamelles. »

Dans cet autre exemple : « Le hérisson est
un animal dont le corps est couvert de pi-
quants », la tautologie est mieux masquée,
mais n'en est pas moins réelle, étant donné

que le sens étymologique du mot *hérisson* est *le piquant*.

59. — Les définitions se divisent aussi en définitions naturelles et définitions conventionnelles.

Les définitions naturelles sont celles qui s'appliquent à tout ce que la nature développe spontanément, comme les objets ou les individus des trois règnes.

Les définitions conventionnelles sont celles de mots, ou qui concernent surtout les noms donnés aux institutions humaines ou imposés par les législateurs, les savants, etc., en vertu de conventions ou de prescriptions expresses.

Exemple : « Le maire est l'administrateur d'une commune. »

LES DÉFINITIONS GÉOMÉTRIQUES

60. — Les définitions géométriques sont-elles dans des conditions particulières, exceptionnelles même, eu égard à toutes celles qui

ont la perception pour origine, et faut-il les
croire préméditées ou imaginées par l'esprit
de telle sorte qu'elles auraient précédé les
figures correspondantes, au lieu de provenir
d'elles ? *A priori,* l'hypothèse est invraisem-
blable, et elle tombe, ce semble, devant
les considérations suivantes : La géométrie,
comme toutes les sciences, est née d'un besoin
qui, dans l'espèce, était celui de mesurer les
longueurs, les surfaces et les volumes. La
première condition pour atteindre ce but était
de déterminer un étalon. Or, comme on ne
saurait admettre que le choix se fit à cet égard
par convention expresse ; — et qu'il dut se produire d'une manière à la fois naturelle et inconsciente ; — que de plus il ne pouvait être
fixe et établi *ne varietur* sans que ce fût le
résultat nécessaire des circonstances, on comprend parfaitement qu'après être parti, en ce
qui concerne la longueur, de la dimension
des membres humains, tels que le doigt, le
pied ou la coudée, on se soit arrêté, quant à la

forme, à la ligne droite, la seule dont la
norme constante eût pour garantie le fait
qu'on n'en peut tracer d'autre de même nature
entre deux limites données. La ligne droite,
c'est-à-dire celle qui, tout en se rapprochant
le plus, à n'envisager que l'étendue longueur,
de l'aspect des membres en question, ne per-
mettait pas que les opinions différassent sur
ses conditions géométriques, fut fatalement
appelée à régler la forme de l'étalon de la
mesure de longueur, et à fournir par là matière
à la définition dont elle est l'objet [1].

Pour la mesure des surfaces et celle des
volumes, le carré et le cube, avec leurs lignes
droites égales entre elles et encadrant des
angles égaux, constituent de leur côté les
seules formes d'étalons fixées par la nature
même des choses. Ils s'imposèrent comme

[1] En un mot, l'idée de *règle*, en pareille matière, se
confondit obligatoirement avec l'unique forme qui pouvait être tenue pour *régulière*, puisque c'était la seule
dont la régularité même eût pour condition et pour garantie l'invariabilité absolue de ses caractères essentiels.

tels à l'usage et les définitions correspondantes, y comprises celles des angles droits,
des perpendiculaires et des parallèles, en
furent la conséquence.

Ces figures, auxquelles on peut joindre
celle du cercle, servirent pour des raisons
analogues en quelque sorte de préface à toutes
les autres qui peuvent être considérées comme
dérivées d'elles et qui s'expliquent toutes
comme des modifications ou des combinaisons
de celles dont la nécessité avait été l'institu-
trice.

RÉSUMÉ. — On ne peut définir avec précision
que les figures régulières (ou celles qui sont
en rapport d'origine avec des figures régulières). Les figures dites régulières sont celles
dont les caractères distinctifs sont invariables.
Leur fixité à cet égard les a érigées en étalons
naturels ou en types généraux de mensura-
tion. L'esprit humain a été fatalement amené
à les considérer et à les employer comme
telles, à l'exclusion inconsciente et nécessaire

de toutes celles dont les conditions géométriques essentielles sont variables. La possibilité de les définir résulte de l'impossibilité
de les concevoir autres qu'elles ne sont, et la
définition n'a fait que se modeler sur les conditions naturelles qui en assurent la fixité : la
droite (étymologiquement l'*étendue*, ou la
tendue, par excellence[1]) a été expérimentée
comme la seule de ce genre qu'on puisse
tracer entre deux limites données, avant que
le fait n'ait été signifié par le langage ou
exprimé sous forme de définition.

61. — Il est à peine besoin d'ajouter que
les définitions techniques du point comme

[1] Cette étymologie nous indique le vrai caractère dis-
tinctif et, par là, la véritable définition de la (ligne) droite :
c'est celle que figure un fil tendu entre deux points
extrêmes. Et comme l'expérience montre que ce fil est
plus court qu'un autre quelconque qui, tout en se développant entre les mêmes limites ne serait pas tendu et
qui ne s'identifierait pas avec lui au point de vue de la
longueur, on peut en conclure expérimentalement que
la ligne droite (ou *tendue)* est le plus court chemin d'un
point à un autre.

dépourvu absolument d'étendue, de la ligne comme dépourvue de largeur et d'épaisseur et de la surface comme dépourvue d'épaisseur, sont de pures formules scientifiques qui rentrent dans la catégorie des définitions de mots ou des définitions conventionnelles.

CHAPITRE III

La Raison. — Le Raisonnement.

62. — L'habitude constante et invincible de notre esprit par laquelle nous rattachons spontanément les causes aux effets à titre d'antécédents nécessaires, et les effets aux causes à titre de conséquents également nécessaires, s'appelle la *raison*.

De son côté, le *raisonnement* est l'acte mental par lequel nous prenons conscience de ces rapports dans chaque cas particulier, ou bien aussi la forme sous laquelle cet acte se manifeste par le moyen du langage.

Exemples :

1° L'effet est induit de la cause :

« La température a fait descendre le thermomètre au-dessous de zéro ; donc l'eau doit
être gelée. »

2° La cause est induite de l'effet :

« L'eau est gelée ; donc la température a
fait descendre le thermomètre au-dessous de
zéro. »

On voit, par ces exemples, que le raisonnement exige : 1° la notion de la loi générale de
causalité et de son caractère absolu, ce qui
est affaire d'instinct héréditaire et d'expérience
personnelle ; 2° la notion générale des rapports particuliers de cause à effet et d'effet à
cause dans les cas analogues à ceux sur lesquels on raisonne. Dans les exemples cités,
il importe de savoir, préalablement à toute
conclusion, que l'eau gèle quand le thermomètre descend au-dessous de zéro, ce qui
dépend de l'expérience directe ou indirecte.

Moyennant ces deux conditions, on peut induire des notions générales qu'elles impliquent
la notion particulière (ou la conclusion), dans

le premier cas et à vue du thermomètre, que l'eau est gelée; dans le second et à vue de l'eau gelée, que le thermomètre est descendu au-dessous de zéro [1].

Il ne s'agit, dans ce qui précède, que de faits contemporains. Les exemples suivants s'appliquent à des causes séparées de leurs effets ou à des effets séparés de leurs causes par un intervalle de temps plus ou moins considérable; c'est-à-dire que les conclusions portent sur le passé ou sur l'avenir.

1° La cause est induite de l'effet : — « Voilà une plante. donc une graine, qui l'a produite, a été semée ici même ou au lieu d'où elle a été transplantée. »

2° L'effet est induit de la cause : — « Je

---

[1] Dans les deux cas, c'est la perception du *signe naturel* (cause ou effet) de la chose à connaitre qui. dispense, pour arriver à la connaitre, de la percevoir directement. Il s'agit, en somme, d'un rappel à la mémoire, au moyen d'un intermédiaire, d'une perception déjà connue. Les raisonnements donnés pour exemple ne sauraient rien apprendre à ceux qui ne connaitraient pas préalablement, soit la glace d'une part, soit de l'autre la gradation thermométrique.

sème cette graine, elle donnera naissance ici
même à une plante. »

63. — La conclusion n'est absolument
légitime que là où le rapport de cause à effet
est sûr.

Si je dis : « Le soleil se lèvera demain, »
cette conclusion ne sera tout à fait valable que
si je l'appuie, non pas sur la raison empiri-
que que de. tout' temps on l'a vu se lever
chaque matin, mais bien en faisant voir que
l'enchaînement des causes et des effets astro-
nomiques l'exige. La différence de la valeur
probante des deux arguments correspond
exactement à celle qui distingue l'empirisme
de la vraie science : celui-là ne s'appuie que
sur l'expérience des faits particuliers ; celle-ci
a pour garantie les conditions générales et
constantes du rapport des choses, ou la grande
loi de causalité.

En vain objecterait-on d'ailleurs que la foi
dans la causalité elle-même résulte de l'expérience : cette expérience centralisée, capita-

lisée et généralisée sous la forme instinctive
de la raison acquiert par là une autorité irré-
fragable et suprême.

64. — A côté du raisonnement proprement
dit ou de *causalité*, il en est un autre de
nature surtout verbale qui consiste à substituer, à la désignation du genre indiqué
par le sujet d'une proposition ou d'une définition, celle d'un individu du même genre,
et de telle sorte que l'attribut reste le même
dans les deux cas.

Exemples :

1° Le genre est défini, ou qualifié :

« L'homme (le genre homme) est mortel. »

2° L'individu est substitué au genre :

« Pierre (qui est homme) est mortel. »

Il suffit, pour se rendre compte du caractère exclusivement formel de cette substitution, de se rappeler que le nom du genre n'est
autre que l'appellation collective des individus qui le composent et que la proposition :
« L'homme est mortel » est logiquement

identique à celle-ci : « Pierre, Paul, Jacques, etc., etc., sont mortels. »

65. — La différence capitale qui distingue les raisonnements de causalité des raisonnements *substitutifs*, c'est que les premiers enseignent des faits, tandis que les seconds ne concernent que les mots. On voit d'un coup d'œil la portée du raisonnement de causalité du médecin qui dit : « Le pouls de ce malade bat quatre-vingts fois par minute, donc il a la fièvre, » auprès de l'insignifiance pratique du raisonnement substitutif qui consiste à dire : « Les animaux à cornes sont des ruminants; les chèvres ont des cornes, donc ce sont des ruminants. » Dans le premier cas, la conclusion franchit l'observation d'où elle part pour atteindre un fait qui la dépasse[1],

1. Non seulement le diagnostic médical et toutes les conséquences qui en découlent pour la prophylaxie et la guérison des maladies reposent sur ce mode de raisonnement, mais les plus belles divinations scientifiques, comme celle de la planète découverte par Leverrier, lui sont dues.

alors qu'au contraire, dans le second, la constatation à laquelle on aboutit pour conclure rentre tout entière dans celle qui sert de point de départ au raisonnement et n'aboutit en réalité qu'à des changements de vocables. On peut remarquer, en outre, que dans le raisonnement : « L'homme est mortel, Pierre est un homme, donc Pierre est mortel, » la conclusion ne rappelle cet attribut de Pierre qu'au cas où l'on aurait oublié qu'il est homme. Et comment aurait-on pu l'oublier si l'idée du genre est étroitement liée à celle des individus qui le composent[1] ?

Au reste, la stérilité du syllogisme substitutif n'éclate-t-elle pas aux yeux par la stérilité même de la philosophie scolastique dont il était le principal instrument ? Et quel contraste avec les conséquences fécondes du raisonne-

[1] Le raisonnement substitutif sous forme d'enthymème : « Je pense, donc je suis, » ne fait pas exception à cet égard. Il est uniquement fondé sur cette définition : « La conscience personnelle est l'être » et sur la substitution de « je » à « on (pense donc on est). »

ment de causalité qui a joué un rôle si brillant et si utile dans la fortune de la méthode baconienne, à laquelle il a prêté son précieux concours !

66. — Le syllogisme est la forme analytique et consacrée du raisonnement substitutif.

Le syllogisme comprend trois termes, ou trois propositions, appelées majeure, mineure et conclusion. Exemple :

Majeure : Tout homme est mortel.

Mineure : Pierre est homme.

Conclusion : Pierre est mortel.

La majeure pose en fait que le genre exprimé par le sujet a pour qualité ou propriété celle qu'exprime l'attribut.

La mineure établit, de son côté, que l'individu exprimé par le sujet appartient au genre qu'indiquent de concert le sujet de la majeure et l'attribut de la mineure.

Enfin, la conclusion a pour objet d'en déduire que l'individu exprimé par le sujet de la mineure possède la qualité qu'indiquent tout à la fois l'attribut de la majeure et celui de la conclusion même.

67. — Dans l'usage courant, le syllogisme se réduit à des formes synthétiques où la majeure surtout n'est qu'impliquée, comme, par exemple, quand on dit : « Pierre est homme et, par conséquent, mortel ; » ou bien : « Je pense, donc je suis. » Ces formes réduites sont appelées enthymèmes (ἐνθυμήμα).

Les différentes formes (ou modes), combinaisons et réductions auxquelles peut se prêter le syllogisme et qui tiennent tant de place dans les anciennes logiques, ne valent pas la peine que nous nous y arrêtions davantage. Toutes se ramènent si facilement au procédé fondamental de substitution qui est l'essence même de tout syllogisme et s'expliquent si clairement par lui, qu'il est superflu d'entrer à cet égard dans des détails dont l'importance réelle ne rachète pas la vaine complexité[1].

---

[1] Rappelons toutefois que les raisonnements substitutifs se divisent en *déductifs* ou *inductifs*, selon qu'ils

LE RAISONNEMENT ARITHMÉTIQUE

68. — Tout raisonnement arithmétique ou calcul est de nature verbale et consiste dans des substitutions de signes simplificatrices ou synthétiques, qui portent à la fois sur les noms de nombre et sur les figures spéciales correspondantes appelées chiffres (cf. 3o).

Ces substitutions s'effectuent : 1° sur des unités simples qui remplacent des unités simples; ou 2° sur des unités d'ordre supérieur (dizaine, etc.) qui remplacent des unités d'ordre supérieur; ou bien encore, 3° sur les unes et les autres.

Exemples se rapportant au premier cas :

trois plus deux sont cinq,

ou $3 + 2 = 5$,

partent d'une assertion générale, comme « les hommes sont mortels », ou de faits particuliers, comme « le soleil se lève chaque jour ». Sous cette dernière forme, ils sont utiles à la science, mais ils n'ont de valeur absolue qu'en s'identifiant en dernière analyse aux raisonnements de causalité (cf. 62). — Voir pour une distinction analogue la *Logique* de M. Liard, p. 208.

cinq moins trois sont deux,
   ou 5 — 3 = 2,

trois multiplié par trois sont neuf,
   ou 3 × 3 = 9,

huit divisé par quatre sont deux,
   ou $\frac{8}{4}$ = 2.

Exemples se rapportant au second cas :

dix plus dix sont vingt,
   ou 10 + 10 = 20,

vingt moins dix sont dix,
   ou 20 — 10 = 10,

dix multiplié par dix sont cent,
   ou 10 × 10 = 100,

quatre cents divisé par vingt sont vingt.
   ou $\frac{400}{20}$ = 20.

Exemples se rapportant au troisième cas :

douze plus douze sont vingt-quatre,
   ou 12 + 12 = 24,

vingt-cinq moins douze sont treize,

ou $25 - 12 = 13$,

douze multiplié par douze sont cent quarante-quatre, ou $12 \times 12 = 144$,

quarante-huit divisé par seize sont trois,

ou $\frac{48}{16} = 3$.

Les opérations les plus compliquées se ramènent toutes à des procédés semblables à ceux qui précèdent[1].

DÉMONSTRATIONS GÉOMÉTRIQUES

69. — Ces démonstrations consistent, en général, dans un enchaînement de raisonne-

---

[1] La question des fractions donne lieu aux observations suivantes : De même que les noms de nombre de un à dix sont les individus du genre dizaine, les fractions de un dixième à neuf dixièmes sont les individus ou les parties du genre un. En d'autres termes, toute fraction est un individu ou une partie du genre tout ; ou bien encore, un *tout* est le genre pour la *partie*, comme le *tout* est le genre universel pour chaque partie de l'univers.

ments substitutifs qui se ramènent aux catégories suivantes :

1° Application à un cas particulier d'un
principe général. — Exemple : Deux quantités
égales à une troisième sont égales entre elles.

2° Rappel d'une définition. — Exemple: On
ne peut faire passer qu'une seule ligne du
genre de celles appelées droites par deux
points donnés.

3° Application d'une démonstration antérieure d'un caractère général à un cas particulier. — Exemple : La somme des trois angles
d'un triangle est égale à deux angles droits.

RAISONNEMENTS ALGÉBRIQUES

70. — On appelle *formule* la simplification
écrite qui consiste à relier entre elles, en les
remplaçant par des signes (+ plus ; — moins ;
× multiplié par ; $\frac{o}{o}$ divisé par, etc.), les indications des opérations qu'exige la réduction
des combinaisons numériques à leur plus
simple expression. Les formules, en tant

qu'elles sont d'application réelle et directe, se
rapportent nécessairement à des cas particuliers; mais on peut les adapter aux cas généraux, c'est-à-dire en faire le modèle des opérations à effectuer dans toutes les circonstances
analogues. Il suffit pour cela de substituer des
indications générales ou abstraites, exprimées
par des signes conventionnels, aux données
correspondantes particulières ou concrètes
exprimées par les noms de nombre ou les
chiffres habituels; par exemple, de remplacer $18 + 7$ par $a + b$. La substitution, en
matière d'opérations numériques, des formules
abstraites ou typiques aux formules concrètes
ou spéciales constitue ce qu'on appelle *l'algèbre*, laquelle est, comme on le voit, un système significatif au second degré.

Quant aux opérations spéciales auxquelles
prête l'algèbre, elles consistent en synthèses
qui reposent toutes sur des raisonnements
substitutifs du genre de ceux dont on fait
usage, soit en arithmétique, soit en géométrie.

CHAPITRE IV

L'instinct. — L'intuition.

71. — Le jeu de la loi de causalité dans l'organisme humain est loin d'avoir lieu toujours d'une manière consciente, et de s'exercer en conséquence par l'intermédiaire de la raison et du raisonnement. Dans beaucoup de cas, nous participons en nous-mêmes à des causes et à des effets qui se produisent sans le concours de notre volonté, et nous sommes témoins de phénomènes auxquels notre pensée reste étrangère, bien que nos organes en soient les agents et le siège.

Souvent, par exemple, nous remuons le bras sans nous apercevoir que nous le voulons et, dans tous les cas, sans savoir exactement le lien qu'il peut y avoir entre ce mouvement et la cause directe qui le provoque.

Un autre exemple nous est fourni par les fonctions de l'estomac, qui s'exécutent sans que la conscience personnelle entre pour rien dans la combinaison des causes et des effets auxquels la digestion est due.

L'exercice inconscient et spontané de la loi de causalité au sein des fonctions individuelles s'appelle *instinct*. L'instinct est donc une sorte de raison qui ne raisonne pas ou qui ne s'est pas encore identifiée avec la conscience ; et ainsi s'explique que les deux facultés agissent, pour ainsi dire, en fonction l'une de l'autre, et qu'en général l'instinct diminue dans la mesure même où la raison se développe, comme on le voit surtout dans la comparaison de l'homme, chez lequel la raison prédomine, avec l'animal, qui reste livré exclusivement aux impulsions instinctives.

72. — L'étroite relation de l'instinct et de la raison et le fait que celle-ci est, pour ainsi

dire, le stage humain de celui-là et l'a eu pour antécédent, rendent compte du phénomène mental appelé intuition. L'*intuition*, en effet, est comme un instinct endormi et remplacé depuis longtemps par la raison, qui se réveille parfois dans des circonstances imprévues et jette une lueur fugitive dont l'origine paraît mystérieuse. Autrement dit, l'intuition est un raisonnement instinctif qui nous fait entrevoir *ex abrupto* une vérité, sans que l'esprit passe par les degrés habituels et réguliers à l'aide desquels il va de l'ignorance à la connaissance.

Les éclairs du génie, par exemple, ne sont en général que des formes supérieures de l'intuition.

73. — L'instinct est dispensé, par la manière même dont il procède (puisqu'il n'admet pas d'intervalle entre la suggestion et l'exécution des actes qu'il provoque), du contrôle des preuves. Il est généralement reçu, du reste, qu'il ne trompe pas ; il a toute la sûreté de la loi de causalité dont il est la mise

en œuvre infaillible et spontanée ; et les effets de ses causes se produisent d'une manière fatale et nécessaire, comme les fonctions de l'estomac ou la circulation du sang.

L'intuition en diffère à cet égard, grâce à son caractère mixte et étant donné qu'on peut la définir comme l'effet conscient d'une cause instinctive ou, ce qui revient au même, comme la conclusion au grand jour d'un raisonnement à huis clos[1]. Aussi, la raison chez laquelle elle s'établit sous cette forme est d'autant plus en droit de lui demander ses passeports et d'en vérifier la valeur à l'aide des moyens expérimentaux habituels, qu'elle ignore d'où elle vient.

[1] En matière d'instinct, l'effet, pas plus que la cause, n'est du domaine de la conscience ; la circulation du sang est ignorée de tous ceux qui ne l'ont pas apprise scientifiquement.

CHAPITRE V

La preuve. — L'hypothèse. — La méthode expérimentale.

74. — On appelle *preuve* la constatation d'un fait qui justifie la conclusion d'un raisonnement de causalité (ou bien aussi d'un raisonnement déductif).

Les raisonnements déductifs ne requièrent pas de preuves, puisqu'ils n'impliquent pas d'assertions véritablement nouvelles. Il faut pourtant mettre à part les raisonnements arithmétiques où les substitutions s'effectuent mécaniquement, en quelque sorte, et admettent des erreurs qu'on découvre et qu'on redresse en contrôlant ces raisonnements par d'autres qui doivent aboutir aux mêmes résultats, ou à tels résultats coordonnés qui permettent de voir si les premiers sont exacts ou non.

Exemple de preuves d'une conclusion contemporaine de l'observation sur laquelle porte le raisonnement : la vue de la glace dont on a induit l'existence d'après le thermomètre.

Preuve d'une conclusion qui consiste à induire un fait ancien d'une observation actuelle : la mise au jour du gland auquel est attachée et d'où sort la jeune tige de chêne que l'on a considérée comme issue d'une graine.

Preuve d'une conclusion qui consiste à induire d'une observation actuelle une conséquence ultérieure : l'éclosion du chêne sortant du gland que l'on a semé antérieurement.

Les raisonnements de causalité dispensent de preuves quand la relation sur laquelle ils s'appuient est suffisamment déterminée. Mais c'est en matière d'hypothèse que les preuves sont d'un usage aussi fréquent que nécessaire.

75. — On appelle *hypothèse* l'attribution provisoire d'une cause ou d'un effet à un effet ou à une cause dans des conditions où la relation, au lieu d'être sûre, n'est que possible ou vraisemblable.

L'hypothèse ne se traduit en certitude qu'à l'aide de preuves qui mettent hors de doute les rapports de causalité dont la constatation est nécessaire pour la vérifier :

J'ai soif et je souffre de maux de tête qui me font supposer que j'ai la fièvre; cette hypothèse sera infirmée ou confirmée selon que la fréquence des pulsations de l'artère appuiera ou démentira les autres pronostics.

Toute hypothèse doit être fondée sur un commencement de preuve qui résulte directement ou indirectement de la perception ou de l'observation ; sans cette condition première, l'hypothèse est gratuite et n'a pas de droits scientifiques à être posée.

Les sciences exactes, c'est-à-dire les mathématiques abstraites, n'impliquent point
d'hypothèses, parce qu'elles consistent uniquement en substitutions dont les conditions
sont déterminées par des habitudes im-
muables; deux et deux sont quatre et ne sauraient être autres. Toutes les autres sciences
dont l'objet est à la fois pratique et concret
comportent un plus ou moins grand nombre
de parties hypothétiques, c'est-à-dire qu'elles
échappent au moins par quelque endroit à
une démonstration complètement acquise [1].

Un exemple, entre une infinité d'autres,
d'une démonstration scientifique incomplète

[1] Les sciences *exactes* fournissent les moyens de classer exactement et de synthétiser les données des sciences
naturelles (et des autres), mais celles-ci ne sont exactes
que dans la mesure même où l'observation dont elles
découlent peut l'être, c'est-à-dire d'une manière qui
n'est jamais qu'approximative. On en a la preuve, entre
autres, par l'impuissance où est encore la chimie de re
produire exactement les substances organiques.

La seule forme des sciences exactes qui s'accuse par une
exactitude d'ordre pratique, est celle des dénombrements
individuels, ou celle qui, sous le nom d'arithmétique, con-

résulte de l'absence de certains intermédiaires
du passage d'une race à l'autre qui seraient de
nature à fournir la preuve absolue de la théorie
de l'évolution des espèces animales. Tant que
ces intermédiaires manqueront, cette théorie
restera à l'état d'hypothèse ; hypothèse, on
doit le dire, qui s'appuie déjà sur tant de
preuves qu'elle équivaut presque à la certitude ; mais, néamoins, hypothèse en ce sens
qu'il manque encore des anneaux à la chaîne
de ces preuves.

76. — Les hypothèses peuvent être isolées
ou coordonnées. Un ensemble d'hypothèses
coordonnées autour d'un même objet s'appelle
théorie ou *système*.

De même qu'une hypothèse isolée doit
reposer sur un commencement de preuve,
toute théorie doit être fondée sur une première

siste à grouper les unités appartenant à un même genre
sous un nom collectif ; et ce résultat est dû à ce que
l'unité ou l'individualité est le seul caractère précis et
absolu des choses.

garantie de vérité qui consiste dans son caractère systématique ou dans l'étroite corrélation
de toutes les hypothèses particulières qui
la constituent. L'univers se présentant à nous
comme un vaste enchaînement de causes et
d'effets, ou comme un immense système[1],
toute partie de la science de l'univers a pour
condition initiale d'exactitude de reproduire
cet enchaînement en ce qui la concerne.

77. — Le procédé de vérification des hypothèses, au moyen d'expériences qui ont
pour but de constater *de visu* si la relation
qu'elles supposent entre telle cause et tel effet
est réelle, s'appelle *méthode expérimentale*.

---

[1] Objectera-t-on les antinomies? Il n'en est aucune de
démontrée et la plupart de celles qu'on invoque reposent
sur des sophismes évidents. On ne saurait dire, par
exemple, que le devenir est être et non-être qu'en jouant
sur les mots et en désignant par le même terme deux
choses que la perception nous donne comme différentes,
à savoir l'être (ou la cause) actuelle et son mode futur
(ou l'effet). Concevoir le devenir comme être, c'est s'interdire de le concevoir comme non-être, et réciproque-
ment. Cf. Renouvier, *Logique*, III, 3, *seqq*.

Cette méthode est celle de la science même, c'est-à-dire qu'elle seule est qualifiée pour donner l'investiture scientifique aux hypothèses.

CHAPITRE VI

Lois. — Possibilité et probabilité. — Analogie.

78. — La suite (ou l'idée de la suite) régulière et indéfiniment identique des effets d'une même cause s'appelle *loi*.

Il est une loi générale et supérieure, celle même de causalité, et qu'on formule en disant que toute cause est suivie d'effet, et que tout effet est précédé d'une cause.

Les lois particulières s'encadrent toutes dans la loi universelle de causalité.

Exemples de lois particulières :

La congélation de l'eau quand le thermomètre descend au-dessous de zéro. — Le mouvement diurne de la terre autour du soleil. — La production de l'air au moyen de la combinaison de l'oxygène et de l'azote, etc.

Les lois particulières ont pour garantie, outre l'expérience, leur rapport avec la loi générale de causalité : la congélation est l'effet constant d'une cause constante, à savoir un état donné de la température [1].

79. — L'idée de loi est par définition incompatible avec celle d'hypothèse : tant qu'une conclusion reste hypothétique on ne saurait dire qu'elle correspond à une loi.

A cet égard, la différence entre la loi et les

[1] Les variations phonétiques du langage ne sauraient être des lois, puisque ces variations ont une origine individuelle et qu'elles sont soumises par conséquent à des causes aussi diverses qu'il y a de diversité entre leurs auteurs au point de vue de l'organisme physiologique qui produit les sons vocaux. S'il y a des lois phonétiques individuelles (qui d'ailleurs ne sauraient être absolues que d'une manière très approximative, puisque le jeu des organes varie avec l'âge, etc.), il ne saurait en exister de collectives ou d'ethniques, et les modes phonétiques du langage d'un peuple ne peuvent présenter de constance que dans la mesure même et à partir du moment où ils se modèlent sur un ensemble de traditions d'origine individuelle admises comme règles communes.

faits dont la cause reste hypothétique correspond à celle qui distingue le certain de l'in-
certain, c'est-à-dire du possible ou du probable.

En toute circonstance, il n'y a de possible
que l'effet nécessaire de la cause qui doit le
produire ; mais quand cette cause est incom-
plètement connue, on admet provisoirement
comme réalisables toutes les alternatives que
la circonstance paraît comporter, et parmi ces
effets éventuels on considère respectivement
comme plus ou moins probables ceux dont
la cause entrevue est plus ou moins apparente
et présumable. — Exemple :

Le ciel est couvert et la température froide,
on ignore s'il pleuvra ou s'il neigera ; on au-
gurera la pluie ou la neige selon que la température s'élèvera ou s'abaissera.

Quand il s'agit d'un tirage au sort, les
chances de voir sortir tel ou tel numéro déterminé diminueront ou s'accroîtront dans la
mesure même selon laquelle le nombre total

des numéros sera plus ou moins grand, et ces chances pourront se déterminer mathématiquement en conséquence (calcul des probabilités).

Il en est de même des combinaisons auxquelles peuvent se prêter une série d'objets déterminés, comme les lettres qui composent un mot, les chiffres dont un nombre est formé, etc. (formules de permutation).

80. — Certaines sciences sont plus ou moins conjecturales : ce sont celles qui portent sur des faits qui, soit au point de vue de leurs causes, soit au point de vue de leurs conséquences, et en raison de leur complexité, comportent habituellement plusieurs alternatives possibles.

Il en est ainsi de l'histoire : jusqu'ici, du moins, il n'y a pas de lois historiques au sens strict du mot. L'histoire n'en est pas moins une science en tant qu'elle réunit et classe les faits et les documents qui la concernent en vue de conclusions futures.

81. — Au même égard, l'étymologie est une science mixte : si dans beaucoup de cas elle aboutit à des données certaines, il en est beaucoup d'autres où ses conclusions ne sont que plus ou moins probables.

Exemple d'étymologie sûre [1] :

Les sens et les sons restent les mêmes.

Latin *cul-tura*, culture, dérivé du radical *col*, de *col-o*, cultiver. — Identité de signification, variation phonétique régulière.

Exemple d'étymologie probable :

Le sens est voisin, la variation phonétique est régulière.

---

[1] Rappelons que cette science, dans ce qu'elle a de sûr, est fondée sur ce principe qu'un mot ne saurait être apparenté étymologiquement à un autre, dans une même langue ou dans des langues congénères, que s'ils ont l'un et l'autre, aux parties radicales, même sens et mêmes sons, ou que les variétés de sens ou de sons qu'ils présentent entre eux se justifient par des séries de variations analogues dûment constatées dans ces mêmes langues. Tel est le « garde-fou », il n'en est pas d'autres que M. V. Henry réclame (*Grammaire comparée de l'anglais et de l'allemand*, p. 19).

Lat. *spes*, espoir (attente), de -*spex*, qui voit, qui a en vue, qui attend.

Exemple d'étymologie fausse ou très douteuse :

Lat. *har-ena (has-ena)*, d'où *arena*, sable (ce qui n'a pas de cohésion) donné comme se rattachant au grec χά(σ)-ος, ouverture, séparation. — Haute invraisemblance de la parenté significative.

Exemple d'étymologie évidemment fausse : suffixe *endus*, dans le lat. *fer-endus*, etc., donné comme apparenté au suffixe μενος, dans φερόμενος, etc. Le rapport phonétique n'est justifié par aucune analogie probante.

ANALOGIE

82. — De nombreuses conclusions possibles ou probables reposent sur des raisonnements qu'on peut appeler analogiques, et qui correspondent à des hypothèses fondées sur la ressemblance plus ou moins grande

qu'ont telle cause ou tel effet, dont l'effet ou la cause restent problématiques, avec telle cause ou tel effet dont la relation avec tel effet ou telle cause est certaine. La conséquence *analogique* ou hypothétique consiste, en pareille circonstance, à admettre, au moins provisoirement, la même cause ou le même effet dans les cas où il y a doute que dans ceux pour lesquels la certitude est acquise.

Il va de soi que les conclusions dont il s'agit requièrent, au point de vue du degré de confiance qu'on doit leur accorder, les mêmes distinctions qu'il convient d'apporter d'une manière générale partout où il y a hypothèse. Autrement dit, la conclusion de tout raisonnement uniquement fondé sur l'analogie nécessite, pour devenir définitive, l'adjonction d'expériences propres, soit à la confirmer ou l'infirmer, soit à en classer les résultats comme plus ou moins possible ou probables.

Exemples de raisonnements analogiques vérifiés :

Les perceptions d'autrui ont lieu de la même manière que les miennes, par l'intermédiaire des sens. En présence des mêmes objets, elles doivent se traduire par les mêmes impressions, et, s'il en est ainsi, je ne suis pas, en me fiant à la sensation, dupe d'illusions particulières. J'en conclus que, si le résultat de la perception n'est pas la prise de possession de la vérité même, on est autorisé du moins à croire qu'elle a pour effet une modification de l'intelligence semblable chez tous les hommes, dans les mêmes circonstances.

La vérification de cette hypothèse analogique et des conséquences qui en découlent s'effectue au moyen de la constatation expérimentale que différentes personnes, mises en rapport avec le même phénomène, le perçoivent d'une manière uniforme.

Exemple de raisonnement analogique non vérifié et non vérifiable dans l'état actuel de la science :

Certaines planètes paraissent être dans des
conditions analogues à celles de la terre, au
point de vue de la possibilité qu'elles soient
habitées par des êtres plus ou moins semblables à ceux qui vivent sur la terre. Mais,
comme on ne saurait s'en rendre compte expérimentalement, l'hypothèse analogique reste
douteuse.

83. — Exemples de raisonnements analogiques relatifs à la science du langage :

1° En phonétique grecque, on considère comme
établi que le groupe ξ (κς) peut, par un effet particulier d'assimilation régressive, se transformer
en κτ. On en conclura, par analogie, que τς peut
se transformer en ττ et πς en πτ. Ces hypothèses
analogiques prendront un caractère voisin de la
certitude si l'on considère que περιττός est un
dérivé de πέριξ par l'intermédiaire *πέριζ, ὄπτ-
ομαι de ὄψ, etc. [1]

2° Les parties de mots qu'on appelle radicales
ou racines dans les langues indo-européennes

[1] Voir ma *Grammaire comparée du grec et du latin*,
t. I, p. 82 et 93.

apparaissent très souvent, les unes à l'égard des autres, comme les variantes d'un même anté- cédent[1].

Il est très probable qu'il en est ainsi de toutes, et que l'ensemble de ces racines peut être con- sidéré comme une grande famille qui remonte à un antécédent commun.

3° Le sanscrit, le grec et le latin ne nous offrent aucun exemple, dans tout le cours de leur développement historique, d'un suffixe issu d'un mot usité d'abord d'une manière indépendante.

L'hypothèse d'après laquelle les suffixes indo- européens auraient une telle origine est donc tout à fait gratuite, ainsi que celle de l'aggluti- nation qui en découle.

4° La plupart des séries de changements pho- nétiques que l'on constate dans les langues d'o- rigine indo-européenne de première formation, comme le sanscrit, le grec, le latin, les idiomes germaniques, etc., sont communes à toutes ces langues.

Il y a tout lieu de croire en bonne logique, que ces changements appartenaient déjà à la

---

[1] Voir, pour des exemples, le même ouvrage, t. II, p. 239.

langue mère dont ces langues procèdent toutes, et l'on ne saurait prétendre qu'on n'en sait rien que si l'on révoque en doute *a priori* les conclusions les plus probables à tirer des raisonnements analogiques, étant donné surtout que, dans le cas particulier, on a le droit de dire que les mêmes causes n'ont cessé de produire les mêmes effets, puisqu'il n'y a pas eu de solution de continuité entre la langue mère et ses filles.

5° Dans le phénomène de la dérivation linguistique des langues indo-européennes, les mots primitifs usuels s'accroissent par l'adjonction d'un suffixe ou d'une finale empruntée à telle ou telle série de formes grammaticales que cette finale caractérise, comme en latin les finales *eus*, *a*, *eum*; *us*, *a*, *um* des adjectifs aux trois genres. Exemples : *sanguen* d'où *sanguin-eus*; *dator* d'où *datur-us* [1].

Il est extrêmement vraisemblable que les plus anciennes formes dérivées de ces langues doivent leur origine au même procédé.

---

[1] Cf. ce qui se passe en français pour la formation des mots comme *constitutionn-el*, auprès de *constitution*, et *constitutionn-ell-ement* auprès de *constitutionnel*, etc.

CHAPITRE VII

Analyse et synthèse.

84. — D'une manière très générale, l'*analyse* est le procédé des sens et de l'esprit qui consiste, soit et d'abord à distinguer les choses individuelles, soit ensuite à distinguer dans celles-ci les éléments (qualités et substances) qui les composent. En un mot, l'analyse est la prise de connaissance même de la différence des choses, ou l'instrument par excellence des notions particulières.

La *synthèse* est le procédé inverse. Elle a pour effet de grouper les choses analogues au moyen de la constatation de leurs rapports. C'est par elle que l'esprit s'élève, d'une part, à la notion des genres et des espèces, d'autre part, à celle des corps organiques ou seulement complexes.

La combinaison de l'analyse et de la synthèse, pour arriver à la connaissance coordonnée, soit des individus et des genres, soit des qualités et des substances élémentaires et des objets qu'elles constituent, est ce qu'on appelle *méthode*[1].

85. — Principales fonctions logiques des deux mots.

Analyse verbale :

1° Enonciation détaillée des attributs d'un sujet donné ;

2° Enonciation successive des unités simples qui composent un groupe d'unités du même genre.

Analyse réelle :

1° Dissolution naturelle de telle ou telle

[1] A la connaissance analytique correspond le latin *intelligere*, distinguer [mettre *(legere)*, une séparation *(inter)*] ; et à la connaissance synthétique, le latin *comprehendere*, réunir, comprendre (sous une même notion).

substance sous l'effet de la température, des ag entschimiques, etc.;

2° Analyse artificielle : imitation par l'homme des mêmes phénomènes. Il est à remarquer toutefois que, dans les deux cas, l'analyse sépare seulement des substances, c'est-à-dire des agrégats de qualités, mais jamais des qualités isolées. Ajoutons que les opérations artificielles de chimie peuvent isoler des substances qui, dans la nature, sont toujours associées à d'autres, et dégager par là des corps que l'homme n'aurait jamais connus sans elles.

Analyse méthodique, consistant à distinguer les causes ou les effets complexes d'effets ou de causes simples ou complexes.

86. — *Synthèse verbale :*

1° Enonciation sous un même nom (terre, fer, eau, etc.) des diverses qualités dont la réunion constitue une substance;

2° Enonciation de plusieurs unités sous

un seul nom de nombre : deux, trois, quatre, etc.

Synthèse réelle :

1° Combinaisons naturelles de substances qui deviennent ainsi complexes ;

2° Combinaisons artificielles de différentes substances qui donnent naissance à des agrégats nouveaux.

Synthèse méthodique, consistant à reconstituer à l'aide de causes ou d'effets séparés des effets ou des causes complexes[1].

---

[1] *Synthèse mathématique.* — On a tort de la représenter comme fondée sur des données *a priori.* Le fait que la ligne droite est le plus court chemin d'un point à un autre est une affirmation qui repose sur l'expérience et qu'on a généralisée sous la forme d'une définition. Cette définition repose du reste, comme nous l'avons vu, sur une tautologie.

QUATRIÈME PARTIE

AMPHIBOLOGIES ET ERREURS
VERBALES

---

87. — Les mots sont les signes des choses; non seulement ils servent à les rappeler au souvenir et à les classer mentalement dans un ordre conforme à leurs rapports naturels, mais ils fixent et distinguent, dans la mesure du possible et pour ainsi dire à l'aide d'étiquettes appropriées, des phénomènes aussi fugitifs et aussi indécis que les états d'âmes.

Sans les mots, nous n'aurions que des idées vagues et confuses des objets concrets, et nous n'en aurions vraisemblablement aucune de nos sentiments particuliers et, en général, de tout ce qui échappe directement à l'expérience sensible. C'est dire combien il importe que le signe-mot soit en rapport précis avec l'objet signifié. Autrement, au lieu d'être le principal auxiliaire de la raison, il devient un piège où, comme il arrive souvent, elle tombe et succombe. En effet, si la perception peut nous tromper, elle peut aussi se contrôler et se rectifier. Il n'en est pas de même de l'erreur qui vient du signe; elle est susceptible de se perpétuer indéfiniment et, dans tous les cas, elle ne saurait être corrigée que par des moyens extérieurs ou indépendants du signe même.

Malheureusement, la nature même du langage, la manière dont il se développe et se modifie, l'expose à des ambiguïtés de plusieurs sortes, contre lesquelles il faut rester sans cesse en garde si l'on veut échapper aux conséquences fâcheuses de la substitution par l'intermédiaire du mot d'une idée fausse à une idée juste.

Les principales erreurs ou confusions dont

les mots peuvent être la source[1] résultent de la *synonymie*, de l'*homonymie*, des *abréviations*, de la *diction poétique* et des *figures mythiques*. Nous les examinerons successivement dans les chapitres qui vont suivre.

[1] L'absence d'équivoque, résultat de l'adaptation exacte du mot à l'idée et de la netteté des relations grammaticales étant le but idéal du langage, tout ce qui tend à ce but est de nature à le perfectionner. A ce point de vue, il est incontestable que les langues modernes ont réalisé un progrès eu égard aux langues synthétiques de l'antiquité. La détermination de la fonction des mots d'après l'ordre qu'ils occupent dans la phrase en français, par exemple, est bien plus sûre et bien plus précise au moyen de cet ordre et de l'emploi des prépositions qu'à l'aide des flexions casuelles du latin.

A ne voir que les avantages logiques, donc, on est en droit de dire que nos langues actuelles l'emportent sur les idiomes anciens, dont elles proviennent. Mais il en est tout autrement si l'on considère le côté artistique ou esthétique de la question. On est tout aussi autorisé à constater que la liberté de construction des langues synthétiques permet d'une part des effets de style, de l'autre des combinaisons harmoniques dont nos langues sont privées à leur grand détriment. En résumé, le développement syntactique du langage se traduit en gain pour la raison, et en perte pour l'art, c'est-à-dire pour l'éloquence et la poésie.

CHAPITRE PREMIER

Synonymie

88. — Quand, dans une même langue, deux ou plusieurs mots différents au point de vue phonétique ont une signification semblable, ou à peu près semblable, on dit que ces mots sont *synonymes*.

La synonymie tient à deux causes principales :

1° Elle peut résulter d'une altération phonétique qui change la forme des mots sans en modifier le sens. Exemples : le grec χάζω auprès de et pour σχάζω, l'un et l'autre signifiant « s'écarter, s'éloigner, céder » ; le lat. *caedo*, auprès de *scindo*, l'un et l'autre pour *scaendo, « couper ».

Il convient de rattacher à cette sorte de synonymes les mots appelés doublets, tels que *frêle* et *fragile* en français, issus l'un et l'autre (le premier par la voie traditionnelle et populaire, le second par emprunt savant) du lat. *fragilis.*

2° Les mots qui, issus de différentes origines, ont été amenés par l'évolution significative à revêtir des sens très voisins les uns des autres. Exemples : *couper, séparer, diviser, distribuer, répartir,* etc.

Les mots qui sont à l'état de synonymes parfaits les uns à l'égard des autres ne présentent pas, de ce fait, d'occasions d'erreur ; on peut, en effet, les substituer entre eux sans inconvénient, puisqu'ils répondent à une même idée.

Mais il n'en est pas de même pour ceux dont la synonymie n'est qu'approximative (et c'est le cas de beaucoup le plus fréquent), comme *frêle* et *fragile ; séparer* et *distribuer,* etc. Il y a lieu, en ce qui regarde leurs nuan-

ces significatives réciproques, à des distinctions délicates fondées sur l'étymologie et le
bon usage, sans lesquelles on risque de les
employer improprement.

Néanmoins, la synonymie est, parmi les
causes d'erreur verbales, une des moins gra-
ves et des moins fréquentes.

CHAPITRE II

Homonymie

89. — Quand, dans une même langue, deux ou plusieurs mots différents au point de vue du sens sont semblables, ou à peu près semblables, en ce qui concerne les sons, ces mots sont appelés *homonymes*.

Les homonymes se divisent en deux catégories principales :

1º Ceux dont l'homonymie n'est qu'approximative. Cette catégorie n'apparaît guère que dans les langues de seconde formation où l'usure phonétique a fini par identifier des vocables qui se présentaient sous des formes très sensiblement distinctes dans les idiomes primitifs [1].

Exemples : *corps* (lat. *corpus*), auprès de *cor (corium)*;

Mors (lat. *morsus*), auprès de *mort* (lat. *mors*) ;

Cher (lat. *carus*), auprès de *chair* (lat. *caro*) et de *chaire* (lat. *cathedra*).

2° Ceux dont l'homonymie est parfaite, c'est-à-dire qui ne comportent de distinction que par les nuances significatives qu'ils ont revêtues au cours de l'évolution sémantique.

90. — L'examen de cette seconde classe d'homonymes nécessite l'exposé préalable des considérations suivantes.

Les substantifs étant tous d'anciens adjectifs (8), il en résulte qu'ils ont un sens propre ou usuel qui diffère, tout en en déri-

---

[1] Rien ne saurait mieux montrer l'erreur des linguistes qui paraissent disposés à faire remonter le grec et le latin à une prodigieuse antiquité que l'absence à peu près complète d'homonymes de ce genre dans les deux langues.

vant, de celui des adjectifs ; autrement dit, le
sens *propre* des substantifs a pour antécédent
un sens *étymologique* qui, de son côté, est le
sens propre des adjectifs dont ils sont issus.

Le sens propre des substantifs est d'ailleurs
mécaniquement déterminé, en quelque sorte,
par le double fait qu'il est le plus ancien
qu'indique la tradition et celui auquel se rattache le sens des dérivés de même famille.
Exemples :

SENS ÉTYMOLOGIQUE	SENS PROPRE	JUSTIFIÉ PAR LES DÉRIVÉS
lat. *terra*		
la sèche	la terre	*terrestris* (terrestre)
lat. *sol*		
le brillant	le soleil	*solaris* (solaire)
lat. *pes*		
le marcheur	le pied	*pedestris* (pédestre)

Pour tous ces mots et les semblables, c'est-
à-dire pour les substantifs concrets, le sens
propre est le reflet sur le signe de l'objet si-

transitions

un messager rapide, agile ;

une décision rapide, prompte, subite, instantanée :

un son aigu, vif, clair ;

une voix claire, sonore ;

un esprit pénétrant, fin, subtil ;

un observateur subtil, clairvoyant, rusé ;

un caractère piquant, irascible ;

une passion aiguë, vive, ardente ;

un amour ardent, violent ;

une colère violente, terrible ;

un sentiment vif, ardent, violent, véhément, fort.

gr. κρίνω (cf. lat. *cerno*) :

séparer, trier, choisir, mettre à part, préférer, distinguer, discerner, juger, comparer, juger un procès, accuser, condamner, décider, éprouver, déterminer, arrêter, résoudre, prononcer, estimer, croire, sécréter, évacuer.

Sens premier (indiqué par les correspondants du sanscrit et du latin) : *séparer* ;

séparer des objets réunis;

trier ou séparer des graines;

trier ou choisir des fruits;

choisir ou mettre à part tel ou tel objet;

mettre de côté ce qu'on préfère;

séparer ou distinguer le faux du vrai;

distinguer ou discerner une chose entre plusieurs autres;

distinguer ou décider entre différents
partis à prendre;

décider ou juger entre plusieurs opinions quelle est la meilleure;

décider ou juger une affaire;

juger ou condamner un coupable;

juger ou déterminer ce qu'il convient
de faire;

examiner une affaire, c'est-à-dire en
distinguer les différents aspects;

éprouver ce que vaut une chose en
l'examinant;

déterminer ou arrêter une résolution;

juger ou résoudre un différend;

transitions

transitions {

juger ou prononcer une sentence;

examiner, distinguer ou estimer la valeur d'une chose;

juger ou croire qu'une chose est telle;

séparer (éliminer) ou sécréter une humeur;

séparer (rejeter) ou évacuer des matières superflues.

lat. *tenuis* :

subtil, fin, ténu, délié, mince, clair, grêle, maigre, subtil, ingénieux, modique, petit, faible, léger, pauvre, obscur, simple, sans élévation.

Sens premier : séparé, tendu, distendu, étendu;

transitions {

objet étendu, aminci, léger;

corps mince, maigre;

taille mince, fine, déliée;

bénéfice mince, modique;

esprit fin, subtil;

de mince, petite, faible épaisseur;

transit. {
voix mince ou grêle;

poitrine mince, étroite;

ressources étroites, modiques.

lat. *tener* :

tendre, délicat, léger, jeune, flexible, effé-
miné, amolli.

Même sens premier que *tenuis* :

transitions {
objet étendu, mince, délicat;

tige délicate, fragile, tendre;

plante frêle, flexible;

pousse tendre, délicate, jeune;

pâte tendre, molle;

délicatesse, mollesse;

délicatesse, souplesse;

mollesse, effémination,

lat. *tenax* :

tenace, gluant, visqueux, qui s'attache fortement, constant, stable, ferme, obstiné, opiniâtre, avare, chiche, qui épargne.

Sens premier : qui tend, qui tire, qui tient

(cf. *tendo* et *teneo*), même radical que *ten-uis* et *ten-er* :

transitions {
une graine qui s'attache aux vêtements;
la glu est tenace, poisseuse, visqueuse;
une volonté tenace, ferme;
un caractère tenace, obstiné;
une résolution tenace, opiniâtre;
un lien qui tient bon, solide, ferme;
tenace, qui tient fortement ce qu'il a, d'où avare.

lat. *cārus* (pour *cāsus*) :

cher, qui coûte cher, précieux, aimé, chéri.
Sens premier : séparé, écarté, rare.

transit. {
objet rare ou cher (comme prix);
tableau cher ou précieux;
Ami rare, précieux ou cher.

lat. *cassus* [1] :

vide, creux, privé, vain, frivole, inutile.

[1] *cāsus* d'où *cārus*, cf. *careo*, et *cassus*, appartiennent à la même famille que le grec σχάζω, χάζω, séparer, relâcher. Voir ma *Grammaire comparée du grec et du latin*, t. II, p. 239-240.

Sens premier : séparé, écarté, éloigné, privé

transitions
> séparé ou privé de la lumière du jour ;
>
> maison vide ou privée de ce qu'elle
> pourrait contenir ;
>
> vase vide ou creux ;
>
> tige creuse ;
>
> parole vide, creuse ou frivole ;
>
> espérance vide, frivole ou vaine ;
>
> plainte vaine ou inutile[1].

93. — On peut considérer comme une troisième catégorie d'homonymes celle que forment les substantifs concrets qui désignent par leur sens propre un genre naturel, et par un sens accessoire ou figuré (métaphore) un genre artificiel qu'une relation facile à saisir rattache à celui dont il a emprunté le nom[2]. Exemples :

[1] Les antinomies significatives auxquelles aboutissent des mots de même origine, comme *tener*, mou, et *tenax*, ferme ; *cārus*, précieux, et *cassus*, vain, vide, indiquent clairement comment le réseau de l'évolution sémantique a pu s'étendre sur tout le champ du langage.

[2] Tout voisin est le procédé qui consiste à ériger un nom propre, comme Tartufe, en nom désignant le genre

GENRE NATUREL	GENRE ARTIFICIEL
Sens propre	Sens accessoire ou figuré
feuille (d'arbre)	feuille de papier, de tôle, etc.
tête (de l'homme, etc.)	tête d'épingle, de clou, d'arbre, etc.
bras (membre humain)	bras d'un fauteuil
pied (id.)	pied d'une table

L'amphibologie est évitée si l'on a soin de déterminer par l'attribut qui convient celui des deux genres dont on entend parler.

de ceux qui ressemblent au porteur de ce nom : les Tartufes, c'est-à-dire les hypocrites.

CHAPITRE III

Formules abrégées.

94. — Nous savons que toute désignation individuelle exige l'emploi d'au moins deux vocables, l'un indiquant le genre (le sujet) et l'autre la qualité distinctive (attribut) (11) de l'objet à dénommer. Souvent, on a pris l'habitude de sous-entendre l'un ou l'autre terme par une sorte de convention tacite qui a pour effet d'attribuer au terme exprimé, indépendamment de la sienne propre, la valeur significative de celui qui ne l'est pas. Exemples [1] :

[1] Les traités de rhétorique répartissent, comme on le sait, les expressions de ces listes entre différentes figures appelées antonomase, catachrèse, métaphore,

95. — 1º Le sujet est exprimé et l'attribut sous-entendu :

L'ascension (de Jésus-Christ).

L'avent = le temps qui précède (la Noël).

L'élévation (de l'hostie).

L'écriture (sainte).

L'empereur (Napoléon Ier).

La levée (de la poste).

La poudre (de chassse, à canon, etc.).

La revue (des troupes, ou militaire).

La voie (ferrée).

96. — 2º L'attribut est exprimé et le sujet sous-entendu [1] :

Le (vin de) champagne.

La (terre de) faïence.

Le (drap de) sedan.

---

métonymie, synecdoque, etc. A. Darmesteter, dans sa *Vie des mots*, a déjà tenté une classification plus méthodique. La nôtre, qui est fondée exclusivement sur l'analyse logique, nous paraît l'emporter en simplicité et en clarté sur toutes les précédentes.

[1] Retour en quelque sorte au procédé primitif qui consistait à désigner les objets par leur qualité maîtresse.

L' (espèce) homme (ou humaine).

Le (personnage) bel esprit.

Le (jeune homme) blanc bec.

La (l'écriture) grosse, minute, bâtarde, ronde, etc.

La (terre) plaine (cf. lat. *æquor*).

Le (navire à) vapeur.

Le (vaisseau) voilier.

Cent (navires à) voiles.

Un (véhicule) omnibus.

La (voiture qui fait) diligence = la diligence.

Une (maison d') école = scolaire.

Le (domicile du) couvent = conventuel.

La (population de la) ville = urbaine.

Le (contenu d'un) verre (de vin) [1].

ἡ (τέχνη) μουσική, d'où la musique = l'art musical ou qui vient des Muses.

(res) cultura, la chose qui cultive ou culti-

---

[1] Comparer l'expression « un mètre d'étoffe » (c'est-à-dire « une étoffe d'un mètre »), où l'ordre des termes est interverti.

vatrice ; d'où « la culture » avec la double nuance significatrice de « ce qui cultive ». = « le fait de cultiver » (abstrait), et de « ce qui cultive » = « la culture acquise, la terre en culture » (concret[1]).

La plupart de ces expressions favorisent des amphibologies, mais qu'il est facile d'éviter en rétablissant le terme sous-entendu toutes les fois que la clarté et la précision du discours l'exigent.

---

[1] Cf. voiture = ce qui porte, ou l'action de porter ; et ce qui porte, ou le véhicule appelé voiture.

CHAPITRE IV

La diction poétique.

97. — La parole humaine, dont le principal objet est de montrer, démontrer ou persuader, tend à ce but par des voies différentes : ou bien elle a recours aux moyens purement logiques, ou bien elle s'attache à émouvoir et à passionner. Dans le premier cas, elle s'adresse à la raison et, dans le second, au sentiment.

Il va de soi que le raisonnement est la forme du langage qu'il convient d'employer quand on veut agir sur la raison. Nous en connaissons les conditions essentielles et, pour ainsi dire, techniques. Bornons-nous à rappeler qu'elles consistent surtout dans la suite logique des idées, la clarté et la concision. La prose est d'ailleurs le vêtement consacré et nécessaire du raisonnement.

En revanche, la poésie est la forme fréquente des compositions littéraires dont le but principal est de toucher le sentiment ou d'émouvoir.

Le moyen le plus sûr de toucher le sentiment est de parler tout d'abord aux sens. Aussi, le poète doit-il s'emparer de l'oreille de ceux auxquels il s'adresse par l'harmonie de 'ses vers, en même temps qu'il séduit la vision interne, ou l'imagination, par les tableaux ou les figures qu'il évoque et multiplie au gré de sa propre imagination et selon les convenances du sujet.

En poésie, les figures interviennent généralement à titre de comparaisons et, comme il est de la nature de la comparaison de n'être jamais tout à fait adéquate à l'objet comparé, elles introduisent nécessairement un élément d'illusion ou d'erreur dans les compositions où l'on en fait usage, n'y parussent-

elles que comme accessoire ou décor. Nous
pouvons juger de la mesure dans laquelle elles
peuvent altérer la vérité par l'aspect qu'elles
ont revêtu dans une des pièces les plus ache-
vées de notre langue, la fable *le Chêne et le
Roseau* de La Fontaine.

Reproduisons-en les passages les plus bril-
lamment *figurés :*

«Cependant que mon front au Caucase pareil,
Non content d'arrêter les rayons du soleil,
  Brave l'effort de la tempête,
Tout vous est aquilon, tout me semble zéphyr.

. . . .
. . . . . . Comme il disait ces mots,
Du bout de l'horizon accourt avec furie
  Le plus terrible des enfants
Que le Nord eût portés jusque-là dans ses flancs.
  L'arbre tient bon ; le roseau plie;
  Le vent redouble ses efforts
  Et fait si bien qu'il déracine
Celui de qui la tête au ciel était voisine
Et dont les pieds touchaient à l'empire des morts.»

L'imagination est amusée, enivrée, ravie
par ces tableaux si éclatants et si pittores-

ques. Mais que devient la vérité? Quelles hy-
perboles, même ailleurs que dans les discours
du chêne où elles sont de situation, et comme
l'agrément de la diction et de la peinture com-
pense peu, au point de vue strictement ra-
tionnel, l'exagération du parallèle final! Il est
vrai que la vérité littérale, la vérité toute nue,
est le moindre souci du poète et qu'il a eu surtout pour but d'agrémenter la moralité latente
de sa fable et de l'insinuer à la faveur du
charme de son style et des séductions de sa
palette.

En général, chez nos meilleurs classiques,
la figure vient ainsi appelée par l'intention du
poème qu'elle illustre ; elle est le miel dont
l'auteur enduit les bords du vase où l'enseigne-
ment qu'il a en vue est contenu sous une
forme moins captivante, et elle rachète par
là ce qu'elle peut avoir d'excessif et d'illusoire.

Avec les romantiques, des tendances contraires prévalurent ; trop souvent ils cultivè-

rent la métaphore pour la métaphore ; au lieu d'un moyen, ils en firent un but et, entre leurs mains, l'idée cessa d'être directrice et maîtresse pour se mettre à la remorque des figures et des mots. Du moins, c'est ce qu'on a le regret de constater déjà à chaque instant dans les drames en vers de Victor Hugo, pour emprunter nos exemples au chorège, et ce défaut ne fera que s'accroître chez lui avec l'âge. Sa puissance d'évocation reste merveilleuse, sa maîtrise de la langue défie encore toute comparaison, mais il s'abandonne de plus en plus aux suggestions métaphoriques et verbales et laisse flotter sa pensée au hasard de l'expression figurée, sans souci des incohérences logiques et des bizarreries au prix desquelles il doit en payer le feu d'artifice éblouissant.

Empruntons, pour essayer de le prouver quelques strophes au long poème de la deuxième série de la *Légende des siècles*, intitulé : *Tout le passé et tout l'avenir*.

« L'être mystérieux qui parle à ses heures au poète » invective en ces termes l'homme ignorant du vrai, abandonné à ses plus basses passions, et négateur de Dieu :

« Rien ne rassasierait ta folie incurable,
Tu voudrais exprimer dans le broc misérable
    Où tu bois, homme plein d'ennuis,
Dans ton verre où les vins immondes se répandent
Les constellations, grappes d'astres qui pendent
    A la treille immense des nuits. »

Aux derniers vers, une comparaison, sublime, grandiose, éclatante ; mais comment vient-elle là ? — L'homme est insatiable (vers 1), d'où l'idée de sa soif inextinguible et aux proportions colossales (pantagruéliques serait trop peu dire). Il lui faut un broc qu'il remplirait, s'il le pouvait, du vin exprimé des grappes d'astres (implicitement comparées à des raisins) qui pendent à l'immense treille à laquelle la nuit est comparée avec ses grappes de raisins qui sont des astres. — Et cela, non seulement pour peindre l'énormité de

sa concupiscence, mais pour faire entendre
en même temps qu'il est tellement insensible
aux beautés de l'univers, et si incapable de
les sentir et de les apprécier, qu'il éteindrait
les soleils et réduirait les étoiles en pous-
sière pour contenter ses désirs les moins
nobles! C'est de l'équivoque compliquée mais
qui garde pourtant des titres à l'épithète
d'admirable.

Poursuivons :

« Car ton bâillement croit avoir, ô créature,
Droit de vie et de mort sur toute la nature ;
   Jéhova n'est pas excepté.
Oh ! comme frémirait d'orgueil ton âme noire,
Bandit, si tu pouvais condenser, prendre et boire
   Le monde en une volupté ! »

Le bâillement personnifié est amené par
l'apostrophe, « homme plein d'ennuis » de la
strophe précédente. De même, le triturage
des astres, pour en extraire un breuvage eni-
vrant, a suggéré à la fois l'idée du droit de
vie et de mort que l'homme s'arroge sur la

nature, et celle d'avaler en quelque sorte le monde comme un verre de vin, avec allusion d'ailleurs à la forfanterie abominable et épique de Caligula et à la convoitise transcendante de Don Juan.

> « Hélas ! pour en extraire une goutte d'ivresse,
> Tu tordrais l'univers, l'aube qui le caresse,
>   La femme, l'enfant à l'œil bleu,
> Content, sans hésiter à la savourer toute,
> Et sans t'inquiéter si cette sombre goutte
>   Est une larme devant Dieu ! »

La même idée est reprise avec d'autres mots : — tordre l'univers — la torsion en vue d'un liquide, — d'une goutte, — goutte qui est comme une larme ; d'où l'idée de la femme et de l'enfant auxquels la brutalité de l'homme arrache des pleurs, qu'elle martyrise et qu'elle sacrifie à son égoïsme titanique.

Dans la strophe que voici, on serait presque tenté de croire que les figures ont fait l'office de bouts-rimés :

«Satan, c'est l'appétit, pourceau qui mord l'idée ;
C'est l'ivresse, fond noir de la coupe vidée ;
     Satan, c'est l'orgueil sans genoux ;
C'est l'égoïsme, heureux du sang où ses mains trempent;
C'est le ventre hideux, cette caverne où rampent
     Tous les monstres qui sont en nous.»

L'appétit est un démon, et le démon-appétit
est pareil à un pourceau (vorace) qui mord
l'idée (la passion brutale est l'ennemie de
l'esprit).

L'ivresse est un démon, et le démon-ivresse
est pareil au fond noir (symbole de la tristesse
qui suit la débauche ?) d'une coupe vidée
(emblème de la satiété ?).

L'orgueil est un démon, et le démon-orgueil
est sans genoux (il ne sait pas s'humilier en
s'agenouillant).

Le ventre (les passions basses) est un démon,
et le démon-ventre appelle l'idée de quelque
chose de creux, d'un antre, d'une caverne
qui appelle à son tour celle de dragons
ou de monstres rampants ; à moins que ce

ne soit l'idée de monstres et de caverne qui
n'ait amené celle de ventre. Quoi qu'il en
soit et malgré les splendeurs et le pittoresque
des images, un pareil dédain des conditions logiques du langage, de la clarté, de la justesse
et, pour tout dire, du sens commun, est puni
par où il pèche. La poésie ainsi traitée, au
lieu de produire cette volupté intellectuelle,
cette délicieuse sérénité dont l'âme se pé-
nètre à la lecture d'une pièce telle que *le
Chêne et le Roseau*, laisse l'esprit effaré et
désorienté. L'impression est celle que produirait une apocalypse ou un cauchemar, et
l'on oublie le poète sublime pour ne plus voir,
ô déception, que le visionnaire. Dans tous les
cas, le parallèle entre les deux procédés de
style est de nature à montrer dans quelle
mesure la raison peut, dans les formes
artistiques du langage, lâcher la bride à l'imagination sans courir le risque de s'égarer à sa
suite.

CHAPITRE V

Les mythes [1].

98. — L'erreur la plus grave, la plus pro-
fonde, la plus fertile en conséquences de
toute sorte, et qui durent encore, dont le
langage ait été la source, est le πρῶτον ψεῦδος
qu'on appelle le mythe ou la mythologie.

[1] Comparer, d'une part, pour ce chapitre, mes ouvrages
intitulés : *Le Rig-Véda et les origines de la mythologie
indo-européenne* (1892), et *Les premières formes de la
religion et de la tradition dans l'Inde et la Grèce* (1894);
et, d'autre part, le livre de M. Lang, publié sous le
titre de *Mythes, cultes et religions* (traduction Marillier),
dont les théories sont en contradiction absolue avec
celles que je résume ici.

Ces théories donnent lieu aux remarques suivantes :

Le sauvage a des traditions et des semblants de
croyances sur lesquelles on s'appuie pour prouver qu'il
est capable d'imaginer le surnaturel. Mais d'où viennent

Rappelons, pour en préciser l'origine, que
toute image vient directement ou indirectement des sens ; que toute image a pour cause

ces traditions et ces croyances ? Toute la question est
là. Elles ne sauraient être probantes dans le sens indiqué qu'au cas où elles auraient pris naissance par des
procédés purement mentaux chez les nations mêmes où
on les rencontre. Or, leurs ressemblances donnent tout
d'abord à croire qu'il s'agit bien plutôt d'emprunts que
de conceptions originales.

Au point de vue purement psychologique, l'hypothèse
de la spontanéité de l'idée du surnaturel est absolument
inadmissible. L'aberration d'esprit qu'elle suppose ne
saurait être primitive, à moins de croire qu'elle peut être
le résultat de la perception externe ou que cette perception est susceptible d'altérations internes qui la défor-
ment et la travestissent. Partir de là, c'est non seulement
placer l'état mental de l'homme au-dessous de celui de la
bête, mais c'est aussi rendre inexplicable la vie même du
sauvage. S'il croyait réellement, primitivement, spontanément au surnaturel, il agirait contre la nature et non selon
la nature, c'est-à-dire en dehors de toute condition d'existence. S'il n'en est pas ainsi, c'est que, d'une manière
générale et naturelle, ses perceptions et ses sentiments
sont justes. Donc, ce que ses idées ont de faux est
d'emprunt ou le fait d'erreurs de langage.

On compare sans hésiter, et à titre de méthode constante et autorisée, les traditions mythiques des sauvages
avec celles des Grecs et des Indous, en inférant des ressemblances qu'on croit y voir qu'elles ont dû naître
spontanément ici et là, grâce à des conditions de déve-

première un objet perceptible réfléchi par
l'œil d'abord et par la conscience ensuite. Il
en résulte : 1° que le fantastique ou l'irréel
et le mythe, qui n'est qu'une forme du fantastique, ne sauraient venir de la perception ;
2° que ce qu'on appelle l'animisme ou le fé-
tichisme n'en viennent pas davantage, puisque ces superstitions supposent l'*idée* d'êtres
irréels ou tout au moins invisibles (ou imper-
ceptibles).

Concluons-en, qu'en bonne logique et en
bonne psychologie, les mythes, quels qu'ils
soient, ne sauraient avoir pour point de
départ que des désaccords entre le mot--signe

loppement intellectuel analogues. Mais avant d'en juger
ainsi, ne faudrait-il pas prouver que les traditions des
sauvages actuels n'ont pas pour origine des emprunts
faits à celles des civilisés ? A qui fera-t-on croire que le
conte du *Petit-Poucet*, par exemple, est de création
spontanée dans toutes les contrées où on le retrouve,
c'est-à-dire à peu près partout? Dans tous les cas, l'hypothèse est absolument erronée en ce qui regarde les
légendes mythiques de l'Inde ancienne, dont on saisit
l'origine verbale et le développement à chaque ligne des
textes védiques.

et la perception ou l'idée qu'il signifie, c'est-à-
dire des erreurs verbales érigées en traditions.
Nous ajouterons qu'à moins de saisir l'erreur à sa naissance, là où elle se produirait
encore, la philologie et l'histoire peuvent
seules livrer le secret des origines mythiques.

99. — La naissance de la plupart des
mythes d'où est issue la religion indo-européenne, sous les différentes formes qu'elle a
prises dans l'Inde, en Grèce, à Rome, etc., se
laisse encore surprendre dans les hymnes
sanscrits dont la collection a reçu le nom de
Rig-Véda. Une multitude d'observations con-
cordantes nous montrent çà et là dans ce
recueil des ébauches de mythes issus de comparaisons que l'on a perdues de vue et dont les
éléments se sont substitués, souvent en se personnifiant, à l'objet qui les avait provoquées.

Un exemple, dont la netteté ne laisse rien à
désirer, nous est fourni par ce passage du
Rig-Véda dans lequel un sacrificateur, usant
d'un procédé de langage qu'on retrouve dans

la poésie de toutes les époques, s'écrie :
« Que les dons (les miens, ceux que je vais
faire en sacrifiant) s'éveillent (aient lieu, apparaissent, sortent de leur repos), et que les
absences de dons s'endorment (antithèse parfaite appelée par la phrase qui précède). »

Le poète ne visait évidemment qu'à donner
du relief et de la vie au souhait dont il accompa-
gnait son offrande ; mais, sans s'en douter, il
atteignit un tout autre but auprès de ceux qui
dans la suite répétèrent son vœu, et qui, voyant
le sens propre là où il était figuré et prenant
inversement le sens propre pour une figure,
s'imaginèrent les dons (Râtis) comme des êtres
réels et favorables et les non-dons (Arâtis)
comme des démons malfaisants, et enten-
dirent : « Que les Dons s'éveillent et que les
Non-dons s'endorment. » Ne perdons pas de
vue d'ailleurs que le fait de personnifier les
dons et les non-dons était suggéré par les
expressions métaphoriques « s'éveiller, dor-
mir » qui semblaient ne convenir qu'à des

êtres animés. Il n'en fallait pas davantage
pour créer le mythe des Râtis et des Arâtis
et ajouter ces nouvelles fictions à celles que
comptaient déjà les légendes fabuleuses de
l'Inde védique. La mythologie des Grecs et
des Latins s'est d'ailleurs enrichie absolument
de la même manière en personnifiant, par
exemple, la passion ou le désir sous le nom
d'Éros ou de Cupidon.

100. — Exemples d'autres comparaisons
védiques où l'objet auquel on en compare un
autre se substitue graduellement à ce dernier :

Le feu sacré est pareil au soleil.

Le feu sacré est le soleil.

Le feu sacré-soleil.

Le soleil (héritant de tous les attributs du
feu sacré).

Semblable substitution à propos de la lune
ou du ciel, auxquels le feu sacré est également
comparé :

La libation sacrée ou l'oblation est pareille
à la mer.

La libation est la mer.

La libation-mer.

La mer (héritant de tous les attributs de la libation sacrée).

Semblable substitution à propos des rivières, des eaux, des nuées, etc., auxquelles le liquide sacré est également comparé.

Par là s'explique l'aspect de religion à base naturaliste que revêt, pour qui l'examine superficiellement, la mythologie védique.

101. — Exemples de personnifications analogues à celles des Râtis et des Arâtis :

Le feu sacré perçant de ses traits la nuée-oblation devient le guerroyant Indra, ou Jupiter tonnant.

Le feu crépitant ou parlant prend la figure d'Apollon musicien et poète.

Les libations enflammées crépitent elles-mêmes et donnent naissance au mythe des Muses.

Les libations, allaitant en quelque sorte le

feu sacré, se métamorphosent en nymphes qui servent de nourrices à Zeus.

L'obstacle imaginaire qui représente l'absence de sacrifice (cf. les Arâtis) apparaît tour à tour sous la forme d'un serpent qui enserre l'oblation, ou d'un démon qui la garde et l'empêche d'arriver sur l'autel, ou d'une prison qui la recèle, etc.

Le feu sacré brille et c'est (1°) le ciel qu'habitent (2°) les dieux (double forme de ce feu). Le non-feu est ténébreux, obscur; c'est (1°) l'enfer que peuplent (2°) les démons (double forme du non-feu).

102. — Mais les poètes védiques ne s'en sont pas tenus aux comparaisons simples dont nous venons d'indiquer quelques résultats au point de vue de ce qu'on peut appeler la génération spontanée de la mythologie indo-européenne. Chez eux, comme dans les strophes de Victor Hugo citées plus haut, une figure en entraîne une autre, la logique essaie d'ordonner l'illogique, et les combinaisons, ou

les thèmes mythiques, s'étendent comme une toile qui servira de canevas aux broderies de leurs successeurs.

Exemples de développements mythiques ébauchés :

Les libations sont une mer; cette mer porte des vaisseaux (les flammes sacrées naviguant au-dessus d'elles) qui servent à sauver le feu sacré personnifié émergeant des eaux dont il est issu (le mythe du déluge brahmanique).

La libation est une génisse pour laquelle le feu sacré éprouve de l'amour et qu'il poursuit sans relâche (Jupiter amoureux d'Io).

Le feu sacré d'aujourd'hui remplace celui d'hier, donc il l'a tué ; il épouse sa mère (la libation) à laquelle son père, ou son prédécesseur, s'est uni avant lui. Il expie son double crime en se crevant les yeux (Il s'éteint à son tour pour céder la place à un autre). — (Le mythe d'Œdipe et de Jocaste).

103. — Une contre-épreuve curieuse et de

nature à nous montrer que, si l'état d'esprit
d'autrefois pouvait renaître, si la faculté my-
thologisante était encore compatible avec la
manière de penser actuelle, les éléments ne
manqueraient pas pour lui fournir l'occasion
de reproduire d'une façon sensiblement analogue les illusions des anciens temps. Reli-
sons, pour nous en convaincre, la strophe de
Victor Hugo citée à la page 162, et nous nous
rendrons compte qu'il suffirait de la prendre
au sens littéral pour évoquer ce tableau my-
thique tout à fait dans le goût de ceux de
l'Inde et de la Grèce : le démon Appétit personnifié sous la forme d'un pourceau ; l'Orgueil prenant la figure d'un monstre sans
genoux ; l'Egoïsme se lavant les mains dans
un bain de sang ; et le Ventre devenant le
nom d'une caverne remplie de serpents
hideux.

Aucun de ces détails ne serait d'ailleurs
plus extravagant et plus grossier que ceux
dont est remplie la mythologie de la nation

réputée pour avoir uni en toutes choses l'idée de la mesure la plus parfaite à celle du goût le plus exquis, c'est-à-dire la Grèce. Ce qui pourrait si bien se faire encore, pourvu qu'un certain état d'esprit s'y accommode, nous montre ce qui a dû se faire et ce qui s'est fait quand tant de circonstances — l'oubli du sens exact et primitif des hymnes sacrés, l'absence de toute culture et de toute critique, la crédulité surtout vis-à-vis des formules sacrées et des textes religieux — favorisaient une erreur qui consistait en somme à prendre les choses au pied de la lettre.

104. — Du reste, sommes-nous bien à l'abri de toute erreur mythologique ? S'il est certain que ce qu'on peut appeler la moyenne de l'intelligence générale ne se prête plus, et depuis longtemps, aux conceptions contraires à toute raison et à toute vérité d'où sont sorties la mythologie et la religion indo-européenne; si personne n'est tenté en lisant la *Henriade* de prendre au sérieux la personni-

fication du Fanatisme et de la Politique, il
n'en est pas moins sûr que le langage continue souvent, soit de donner l'apparence de ce
qu'on pourrait appeler des *idola verbi* à l'objet désigné par certains mots abstraits, comme
quand on dit :

La gloire du héros,

La renommée du prince,

La loi le défend,

La vertu est toujours récompensée, etc.[1] ;

soit, et ce qui est plus grave, d'attribuer une
individualité bien voisine de la personnifica-
tion proprement dite à des collectivités telles
que l'armée, la police, le ministère, l'Etat, la
République, la France, etc. Il est évident

---

[1] Pour les mots abstraits, les causes d'erreurs résultent
de l'absence de sens propre. A l'inverse des mots concrets, ils ne correspondent à rien de bien défini ni de
bien définissable (90). Le vague qu'ils impliquent laisse le
champ libre à des interprétations fort différentes les
unes des autres. On peut se rendre compte des malen-
tendus qui en découlent, dans la langue politique surtout, par le livre de M. Ch. Benoist, intitulé *Sophismes
politiques* (1894).

qu'une nation, par exemple, n'étant rien en dehors des habitants de la contrée qui la composent, ne correspond qu'à une idée d'ensemble, à une synthèse commode, mais dont l'objet réel, les individus réunis, ne se prête guère à des jugements généraux tels que : « la nation française est légère, le peuple anglais est égoïste, etc. » De pareilles expressions ne sont que des moyennes approximatives dont il y a toujours lieu de se défier et qu'on ne peut rendre plus exactes qu'en entrant dans le détail et en substituant, en ce qui les regarde, l'analyse à la synthèse[1].

[1] A ce point de vue, l'emploi au pluriel de certains mots concrets donne lieu aux mêmes remarques. Exemple : les Français = la nation française.

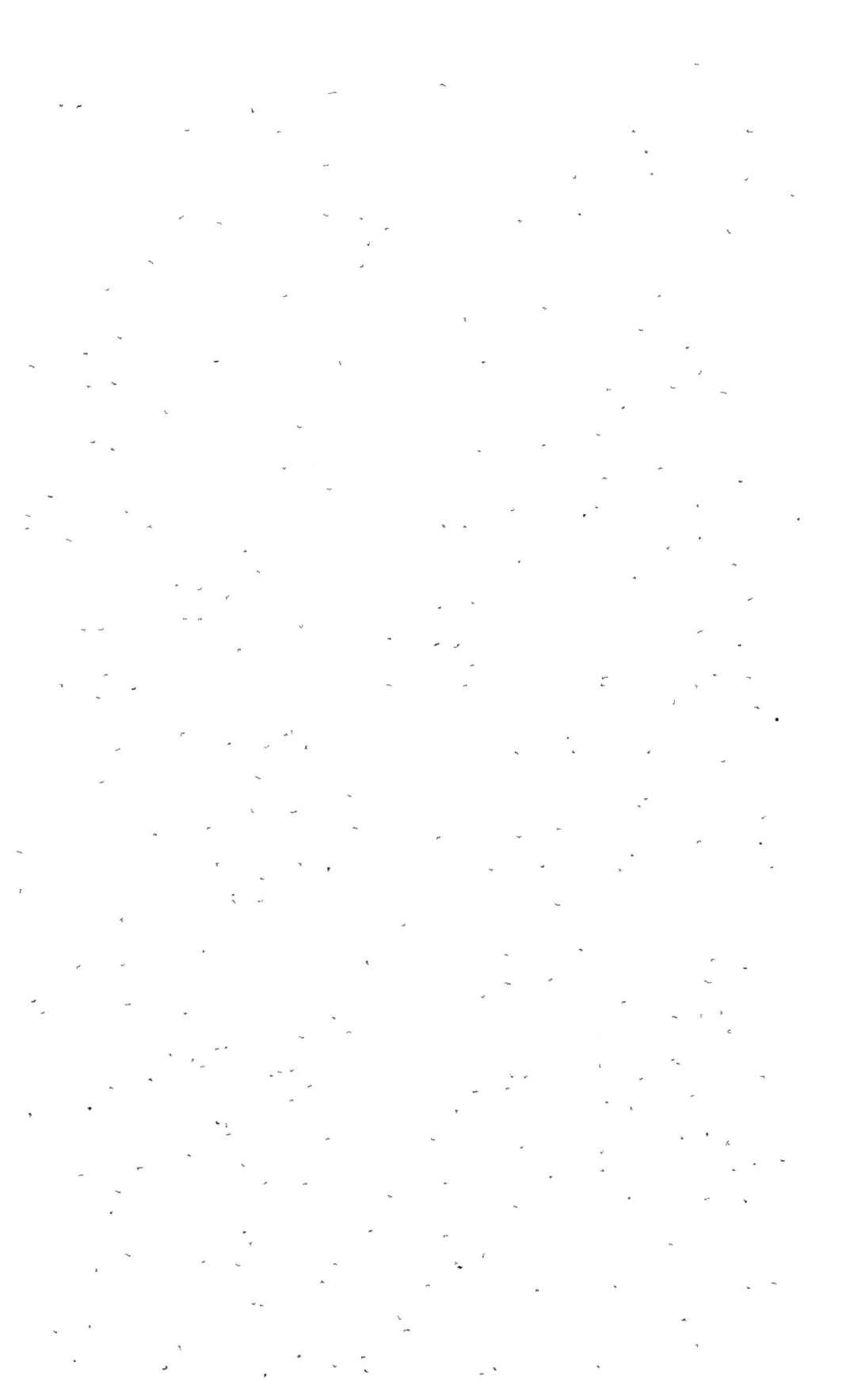

CINQUIÈME PARTIE

LES ERREURS LOGIQUES.
LES SOPHISMES

---

105. — A côté des erreurs ou des idées
fausses qui tiennent essentiellement au langage et aux ambiguïtés auxquelles il se prête,
il en est d'autres dont il reste l'instrument,
mais qui dépendent plutôt de la raison raisonnante. Ces erreurs ont reçu le nom de
sophismes.

Une partie des sophismes, ceux qu'on appelle *formels*, résultent précisément des ambiguïtés du langage dont il a été question aux
chapitres précédents, et nous n'y reviendrons
que pour rappeler qu'il suffit, pour les éviter,
de définir soigneusement les termes qu'on
emploie quand on raisonne.

Nous ne nous attarderons pas davantage aux sophismes dits d'*induction*. En se reportant aux chapitres que nous avons consacrés à l'hypothèse, à l'analogie, etc., on se rendra compte des règles à suivre pour ne faire que des inductions légitimes, et des cas où il convient d'aboutir, soit à des conclusions absolues, soit seulement à des hypothèses plus ou moins probables.

Restent les sophismes *matériels* dont les principaux sont le *sophisme de l'accident*[1], la *pétition de principes*[2] et l'*ignorance de la question*[3]. Les discussions auxquelles le chapitre qui va suivre sera consacré nous fourniront l'occasion de donner des exemples de ces différentes sortes de raisonnements fautifs.

[1] Conclusion générale tirée d'une circonstance particulière ou accidentelle.

[2] Hypothèse, considérée comme principe démontré.

[3] Amphibologie qui donne le change sur l'objet en question.

CHAPITRE UNIQUE

Réfutation de quelques sophismes linguistiques.

106. — La plupart des théories linguistiques dont j'ai eu l'occasion de faire usage dans ce livre sont en contradiction absolue avec celles qui ont été exposées récemment dans un ouvrage intitulé : *Antinomies linguistiques*, par Victor Henry, professeur de sanscrit et de grammaire comparée des langues indo-européennes à la Faculté des lettres de Paris (1896). Je me trouve d'autant plus dans l'obligation de tenir compte de ce fait que l'auteur jouit d'une notoriété qui ne permet pas de faire abstraction de ses travaux, qu'il vise çà et là mes doctrines, et que la plupart des idées qu'il défend sont aussi celles de l'importante école allemande dite de la nouvelle grammaire.

Toutes ces raisons m'obligent à discuter avec lui les principaux points sur lesquels nous nous trouvons en désaccord. Et comme il a donné à son argumentation une forme logique très précise, je pourrai à propos de cette controverse tout à la fois emprunter à sa dialectique des exemples de raisonnements d'une rectitude douteuse [1], et justifier mes théories par la critique des siennes.

---

[1] On excusera le caractère direct de cette polémique en réfléchissant qu'entre des positions aussi différentes les unes des autres que celles de M. Henry et les miennes, il n'y a pas de place pour des moyens termes : quoique nous cherchions l'un et l'autre la vérité, l'un des deux est dans l'erreur. Bien entendu, je crois que c'est lui qui se trompe. Pourquoi ne le dirais-je pas nettement, puisque je suis dans la nécessité d'essayer de le faire voir?

Il importe d'ailleurs, ne serait-ce que pour le bon renom de l'esprit français, que la question obscurcie à plaisir du caractère absolu des lois phonétiques soit enfin tirée au clair de ce côté-ci du Rhin. Au fond, il ne s'agit de rien moins que de l'application ou non au langage des théories évolutionnistes. Si les lois phonétiques sont absolues au sens où on l'entend, le problème de leur développement reste insoluble, et l'on a raison de nous interdire solennellement d'y toucher.

Je suis heureux toutefois de pouvoir ajouter que sur

§ I. — LA QUESTION DES LOIS PHONÉTIQUES [1]

L'auteur veut prouver que les changements phonétiques du langage sont, dans une langue donnée, soumis à des lois constantes ou absolues.

« Si la science du langage est vraiment une science, dit-il, elle doit aboutir à la constatation de lois fixes, constantes et invariables dans leurs effets. [2] »

Il fallait, avant tout, distinguer et établir une différence fondamentale entre les lois phonétiques individuelles et les lois phonétiques collectives. Chacun a ses lois phonétiques à soi qui dépendent de l'état particulier de l'appareil vocal, lequel n'est jamais semblable chez deux individus diffé-

deux points importants je partage les idées de l'auteur des *Antinomies*. Je crois avec lui que le développement des formes lu langage et leur application à un usage déterminé sont le résultat d'un procédé inconscient ; et je crois, également avec lui, que les idées et surtout les idées abstraites ne seraient pas devenues nettes sans l'aide des mots.

[1] Ces lois ne sont pas des lois au sens logique du mot (cf. ci-dessus p. 118). L'expression n'est conservée ici que pour se conformer à l'usage.

[2] *Antinomies linguistiques*, p. 63, note.

rents. Ces lois individuelles ne sont fixes et constantes elles-mêmes que dans une certaine mesure :
l'enfant de cinq ans ne suit pas des lois phonétiques exactement semblables à celles auxquelles
il obéira à dix ; et celles-ci seront différentes des
lois dont il dépendra au même égard quand il
sera adulte. Donc, les lois phonétiques individuelles ne peuvent pas être considérées comme
fixes et constantes. En ira-t-il autrement avec
les lois collectives ou ethniques ? *A fortiori*, ces
lois, qui ne sauraient être que la résultante
des lois individuelles, se ront-elles plus encore
que celles-là, diverses, variables et inconstantes.
Du reste, qu'est-ce que la science du langage
que constituent ces lois ? A ce point de vue, on
ne peut répondre non plus qu'en distinguant.
Cette science même est individuelle ou collective.
Dans le premier cas, comment aboutirait-elle plutôt
à la constatation de lois fixes que celles des autres
phénomènes physiologiques qui se produisent
chez l'homme ? Est-ce que la médecine en est là ?
Peut-on espérer qu'elle y parvienne jamais, et
faut-il pour cela cesser de la considérer comme
une science ? Est-ce qu'il n'en est pas fatalement ainsi de tout ce qui concerne les organis-
mes vivants, et la science du langage, étant donné

ses causes et ses moyens physiologiques, n'est-elle pas de celles qu'on ne peut qualifier d'exactes?

Si on la considère au point de vue collectif, on peut dire encore, à plus forte raison, qu'elle résultera de circonstances si complexes que l'idée de pouvoir en rattacher étroitement et complètement les effets à des causes fixes est tout à fait chimérique.

Le raisonnement pèche donc à ce double égard : il confond ce qui devrait être distingué ; il assimile aux sciences des choses élémentaires et inertes, comme la chimie (lois simples, — effets constants), celles des choses organiques et vivantes (lois complexes, — effets variables), telles que les sons qu'émet le gosier humain [1].

---

[1] En réalité, ce sont les effets égalitaires de l'analogie qui donnent une fausse apparence de constance aux variations phonétiques des vocables ; mais les développements mêmes du langage montrent que la tendance à l'uniformité, qu'on appelle analogie, n'a pas été jusqu'à stériliser et anéantir les résultats de l'évolution des sons en les réduisant en quelque sorte *tous* au même dénominateur. Deux principes sont ici en lutte perpétuelle : l'un qui aboutit à multiplier les variantes d'un même son, l'autre qui s'efforce de ramener ces variantes à leur antécédent commun. Aucun d'eux ne prévaut absolument et de là, d'une part, l'évolution phonétique du langage, de l'autre l'accroissement constant des séries analogiques. D'ailleurs, ces séries ou *espèces verbales* naissent et se

« Il ne se peut pas que les lois phonétiques ne soient point constantes[1]. »

Il ne se peut pas, au contraire, qu'elles soient constantes, puisqu'elles ne le sont pas chez le même individu et qu'à plus forte raison, elles ne sauraient l'être parmi un groupe d'individus différents.

« Cette constance théorique n'est rigoureusement observable dans aucun langage[2]. »

Qu'est-ce qui justifie une théorie dont l'application n'est « observable » nulle part? Sur quel moyen de connaître est-elle fondée ? Je mets l'auteur au défi de pouvoir le dire.

« Le principe de la constance des lois phonétiques est donc avant tout affaire de méthode[3]. »

Toute méthode est le moyen de parvenir à la vérité. Saurait-on aboutir à ce résultat en employant une théorie qui n'est « observable nulle part » ? En pareil cas, la méthode et la théorie se

développent, comme les espèces animales, par l'apparition et la reproduction indéfinie de formes animales imitées pour celles-là, héréditaires pour celles-ci ; mais le point de départ est en tout cas dans l'exception ou la variété.

[1] V. Henry, *Gram. comp. de l'angl. et de l'all.*, p. 18-19.
[2] *Op. cit.*, p. 18-19. — [3] Id., *ibid.*

valent; issues d'hypothèses qui manquent de bases scientifiques, elles ne peuvent engendrer que l'erreur.

« Il (ce principe) exclut les écarts d'imagination, les rapprochements spécieux et arbitraires, hâtifs et superficiels[1]. »

Ce serait alors une mesure, une norme, un critérium. Mais qu'est-ce qui lui vaut ce titre? L'erreur fondamentale sur laquelle il repose? Exclure les écarts d'imagination à l'aide d'une pierre de touche imaginaire, est une de ces antinomies que M. H. fera bien de résoudre dans la prochaine édition de son livre.

« Sainement appliqué, il (le principe) se réduit à ceci : grouper et classer les faits semblables qui, en tout état de cause, l'emportent de beaucoup sur les faits divergents et, ce résultat une fois acquis, s'efforcer de son mieux de concilier ou d'expliquer les divergences[2]. »

Peu clair : « les faits semblables » à quoi? Admettons que cela concerne, entre autres, tous les cas où σ initial en grec s'atténue en esprit rude.

[1] *Op. cit.*, p. 18-19.. — [2] Id., *ibid.*

Les cas divergents seront ceux (très nombreux, quoi qu'en dise l'auteur) où l'initiale σ est restée telle. Comment concilierait-on (il faut entendre sans doute, expliquer par la même cause) deux séries de faits aussi nettement différenciées ?

Les expliquer ? — Mais l'explication est toute simple, et l'auteur l'a indiquée lui-même en reconnaissant qu'un langage collectif n'est et ne saurait être « qu'un agrégat capricieux (ce qui est trop dire) de langages individuels. »

Les deux séries, celle où l'esprit rude est le substitut de ς, et celle où ς est conservé, représentent deux initiatives, deux états conditionnés par des circonstances physiologiques d'origine individuelle. C'est la seule conclusion raisonnable à laquelle conduisent les prémisses de l'auteur. Les considérations suivantes achèveront de mettre le fait en toute évidence.

Les langues, l'auteur du moins l'admet, se composent en matière de changements phonétiques de deux catégories de formes : celles qui sont soumises à des variations régulières et celles qui sont issues de « langages individuels ». — Tout d'abord, quelle différence originelle établira-t-on entre les deux séries ? Peut-on imaginer une forme quelconque qui soit d'origine collective ? La distinc-

tion est donc illusoire et vicie toutes les dé-
ductions ultérieures.

Et, parmi ces catégories issues d'une semblable origine, laquelle sera-t-on autorisé à
considérer comme régulière au détriment de
l'autre? En quoi son changement en esprit
rude est-il plus ou moins normal que la con-
servation du ς ? Sur quelle base solide établira-t-on le critérium de la régularité exclusive?
L'attribution de ce privilège ne saurait être
qu'arbitraire. Dans tous les cas, et quelle qu'elle
soit, elle sera dépourvue de bases scientifiques.
Si l'on choisit (au hasard!) la série caractérisée
par l'esprit rude, on exclura, au dire de l'auteur,
« les écarts de l'imagination » qui consisteront,
dans l'exemple cité, à mettre sur le même pied
qu'elle, au point de vue des conditions d'origine,
la série caractérisée par le ς initial. — Mais comment ne pas voir que cette exclusion présentée
comme le grand résultat à poursuivre, le grand
avantage à obtenir, la justification, en un mot, de
la MÉTHODE, produit un effet diamétralement opposé
et n'a d'autre conséquence que de dénaturer les
faits et d'altérer la vérité? — Ou l'argumentation
de M. H. n'est qu'une bataille de mots, ou elle
implique que le principe est supérieur et anté-

11.

rieur aux faits, à la science, à la logique et au
vrai.

La même critique s'appliquera à la distinction
qui consiste à diviser le langage en langage
« *transmis* à l'enfant par ses parents », et en langage *appris* par lui ; et à considérer le premier
comme soumis à des règles phonétiques constantes et le second comme exposé à des divergences [1].

Sans insister sur la difficulté, pour ne pas dire
l'impossibilité de faire le départ entre les deux
catégories, — ni sur le fait qu'il s'agit d'autre
chose alors que d'une simple distinction entre le
langage individuel et le langage collectif, les
fautes de prononciation d'origine physiologique,
comme le lambdacisme, étant bien une façon de
langage individuel sans être une façon de langage appris — ni sur la prétention de l'auteur à
rattacher les deux manières de classer et de distinguer les faits à la même doctrine — il suffira, pour saisir l'erreur du raisonnement, de
constater que le langage appris du père devient
fatalement et par définition même le langage
transmis au fils. De telle sorte, qu'en envisa-

Antinomies linguistiques, p. 57 *seqq.*

geant les choses au point de vue régressif, on
arrive à cette conclusion forcée que le langage transmis se compose exclusivement d'une
succession régulière de langages appris; — le
premier être parlant avait appris *tout* son langage, et celui qui l'a suivi parlait un langage
transmis qui se composait uniquement du langage
appris de son prédécesseur. Que faut-il de plus
pour trancher la question et dans un sens absolument différent de celui qu'avait en vue l'auteur?

§ II. — NATURE DU LANGAGE

« La catégorie du langage, celle de la langue
et du dialecte, celle même du simple mot, pour
peu qu'on y regarde de près, ne sont que des
abstractions sans réalité extérieure[1]. »

Abstractions, — oui, mais seulement au sens
d'acte particulier inséparable du sujet dont il
émane.

Sans réalité extérieure, — non. Le mot, et par
conséquent le langage formé de mots, a non
seulement la réalité extérieure ou objective de

---

[1] *Antinomies linguistiques*, p. 3.

tous les phénomènes ou de tous les actes plus
ou moins fugitifs, mais il acquiert une durée
indéfinie dans l'entendement humain par la mémoire qui en perpétue le souvenir sous la forme
de tradition parlée ou écrite.

Je renonce à l'examen raisonné des propositions groupées sous le nom de synthèse à la fin de
ce chapitre de l'ouvrage cité. Je me bornerai à
en soumettre ce passage au lecteur avec l'espoir
qu'il le comprendra mieux que je n'ai pu le
faire.

« 4. Mais le mot, en tant que signe sonore de
notre pensée, est une réalité psychologique,
intermittente seulement à l'état conscient; mais
permanente et vivante dans le tréfonds du moi
inconscient [1]. »

« *Une langue ne naît pas* [2] ».

Les inductions les plus légitimes permettent,
au contraire, d'affirmer que les langues ont eu
un commencement. — Dans tous les cas, les
mots qui les composent naissent sous nos yeux.

---

[1] *Op. cit.*, p. 24.
[2] *Op. cit.*, p. 10. — L'auteur ajoute : « Du moins nous
n'en avons jamais vu naître. » — Est-ce que Cuvier
avait jamais vu de mastodonte ?

Quelle raison avons-nous de douter que tous les termes du vocabulaire latin, par exemple, en remontant bien entendu jusqu'au temps de la période indo-européenne, ne soient venus successivement s'y ajouter, soit sous forme d'une variante phonétique, comme *pulvis* à côté de *pollen*, soit sous forme de dérivé, comme *decor-us* auprès de *decor*, ou *dic-us* auprès de *dex*? Et ne remontons-nous pas ainsi par la pensée, guidée par la *saine* logique, aux débuts mêmes de la langue latine?

« On ne se tromperait pas moins en plaçant *a priori*, soit la simplicité, soit la complexité, au début ou au déclin d'une langue, puisqu'une langue n'a ni commencement ni fin[1]. »

Encore une fois est-il, je ne dirai pas logique et philosophique, mais de sens commun de douter que les langues aient eu un commencement, et qu'elles ont commencé par la simplicité?

Nous sommes en présence d'un scepticisme, à l'égard des conclusions rationnelles les mieux fondées, qui rend toute discussion impossible.

[1] *Op. cit.* p. 15.

« Une langue ne croît pas[1]. »

Elle croît, comme nous venons de nous rendre compte qu'elle naît, par l'accession graduelle de nouvelles formes issues de celles qui les ont précédées, et telles que *pulvis* auprès de *pollen* et *decorus* auprès de *decor*.

« La vie du langage est une simple fiction de l'esprit, etc.[2] »

J'appelle vie du langage, et vie *réelle* du langage, le fait que l'évolution phonétique peut créer *pulvis* auprès de *pollen*, et l'évolution dérivative *decor-us*, auprès de *decor*. L'évolution significative ou sémantique donnerait lieu aux mêmes remarques et à la même conclusion.

« La langue (l'allemand actuel) est devenue mûre pour une nouvelle phase de monosyllabisme, laquelle aboutira à un nouveau stade agglutinatif ; et ainsi de suite à l'infini[3]. »
Est-ce sérieusement qu'on nous représente un pareil avenir comme possible pour une langue

[1] *Op. cit.*, p. 11.
[2] *Op. cit.*, p. 24.
[3] *Op. cit.*, p. 17.

aussi fixée et arrêtée par la littérature, la grammaire, le degré d'instruction et la civilisation
ambiante que l'est l'allemand moderne?

« Loin donc que le monosyllabisme théorique
du chinois actuel nous représente l'état primitif
du langage, il recouvre peut-être vingt couches
sous-jacentes et à jamais inaccessibles d'évolution linguistique, à trois étages chacune[1]. »

Voilà un luxe d'hypothèses gratuites qui contraste singulièrement avec le refus d'admettre
les conséquences les plus évidentes de la critique
logique appliquée à l'histoire du langage. — Mais
ce n'était qu'une incise, et voici l'hypercritisme
qui recommence.

« La vérité est que nous n'en savons et n'en
saurons jamais rien (si le langage humain a
commencé par le monosyllabisme ou la phrase) :
où commence, où finit une circonférence[2]? »

Moyen facile d'éviter les questions d'origine et
de développement réel. Pourquoi ne pas en dire
autant de l'histoire politique, de celle des institutions, des religions, de la civilisation, en un mot ;

[1] Id., *ibid.*
[2] Id., *ibid.*

ou ne pas affirmer simplement à propos de tout
que l'homme s'agite dans un cercle sans fin ?

§ III. — L'ORIGINE DU LANGAGE

« L'origine du langage n'est pas, *a priori*, un
problème linguistique, puisque la linguistique ne
se propose pour objet que des langues toutes
formées, dans leur état actuel, historique ou
préhistorique, et qu'il ne lui est donné que de
constater l'évolution, jamais la naissance d'un
langage. [1] »

C'était le cas de mettre en pratique la règle de
méthode de Descartes qui figure au frontispice
de l'ouvrage, et de distinguer. Il est évident que
tout ce qui concerne le cri animal, antécédent
vraisemblable du langage articulé, est affaire de
physiologie, d'histoire naturelle ou d'anatomie
comparée. Mais chacun sait que la question de
l'origine du langage pour les linguistes est, avant
tout, celle des débuts (autant qu'on peut parler
des débuts de ce qui n'est, à certains égards,

[1] *Op. cit.*, p. 25.

qu'une suite); celle du développement — surtout
du développement — des sons articulés qui constituent le langage. Or, à considérer la chose à
ce point de vue, il est absolument exagéré de
dire que « l'origine du langage est un problème,
non seulement inabordable à la science du langage, mais dont tous les documents qu'elle étale
ou accumulera dans l'avenir ne sauraient jamais
lui faire entrevoir la plus lointaine solution [1]. »

Comme nous l'avons déjà dit, l'induction la
plus légitime donne à croire que le langage articulé a évolué phonétiquement du cri, tel que nous
voyons le mot articulé évoluer du mot articulé,
et l'idée synthétique primitive s'épanouir en
significations analytiques de plus en plus délicates et nombreuses. Qu'est-ce autre chose que
ce qu'on peut appeler l'origine continue ou, ce
qui revient au même, la vie du langage ?

Quelle inconséquence d'ailleurs de justifier
l'ignorance irrémédiable où l'on prétend rester à
cet égard en disant qu'on n'a jamais constaté la
naissance d'un langage, au moment même où
l'on admet qu'on peut en étudier la préhistoire?
Où commence-t-elle, cette préhistoire, et où pla-

[1] *Op. cit.*, p. 26.

cera-t-on la borne qui la sépare de l'origine en-
tendue au sens qu'il convient ? D'ailleurs, le fait
que le sanscrit ou le grec, etc., ont certainement
passé par un état semblable à celui dans lequel
se trouvent les langues des sauvages, composées
d'à peine quelques centaines de mots, ne justifie-
t-il pas l'hypothèse d'un accroissement graduel par
multiplication des variantes phonétiques, et du
procédé dérivatif qui, en expliquant l'origine de
la plus grande partie du vocabulaire de ces langues, ne laissent qu'un résidu auquel s'applique,
par analogie, le même mode d'explication ?

« Des linguistes ont cru hardiment pouvoir
déduire le point de départ du langage de la considération de la courbe fermée où nous le voyons
tourner [1]. »

Mais l'admission de cette courbe, encore une
fois, est une pure pétition de principes. L'auteur le
reconnaît lui-même en déclarant, non sans avoir
toutefois raisonné dans l'hypothèse contraire, que
« le bon sens à lui seul, à défaut d'aucun document, indique que le langage, comme toute chose
au monde, a dû avoir un commencement ».

[1] Op. cit., p. 26.

« L'Académie des sciences morales, témoignant
à nos disciples une estime dont l'exagération
même appelle notre gratitude (on ne saurait dire
ces choses en termes plus galants!), se demandait
ce que les œuvres les plus importantes de la philologie contemporaine avaient apporté de nouveau à la formation d'une philosophie du langage
humain, — à peu près comme on pourrait recher-
cher dans quelle mesure l'hypothèse de Laplace
est ébranlée ou confirmée par les fouilles les plus
récentes des nécropoles de la Haute-Égypte [1]. »

L'Académie a pensé très justement, après Aristote, Locke, Leibnitz, Condillac, Stuart Mill, qu'il
y a des rapports étroits entre la logique et le langage dont le dernier mot n'avait peut-être pas
été dit. Elle avait tort sans doute de donner prise
ainsi à la fine ironie des sceptiques, mais peut-
on contenter tout le monde et son père? Puis, on
ne songe pas à tout. Si on lui avait appris plus
tôt que les langues humaines ont une antiquité
égale à celle du système solaire, elle se serait
sans doute bien gardée de toucher à des choses
que l'âge rend aussi sacrées.

[1] Id., *ibid.*

Pour parler sérieusement, il n'est qu'une langue, celle de l'ancienne Egypte, dont on soit sûr
qu'elle remonte au moins à cinq ou six mille
ans. Rien ne prouve que les langues indo-européennes soient aussi antiques[1]. Dans tous les
cas, ni les documents écrits, ni les données de
l'anthropologie, ni des analogies d'aucune sorte
ne nous autorisent à croire qu'aucune des langues
parlées sur la surface de la terre ait plus de huit
ou dix mille ans d'existence. Rien n'empêche
non plus, il est vrai, de supposer qu'il en est
dont l'origine remonte à plusieurs centaines de
siècles, mais c'est une hypothèse absolument en
l'air.

§ IV. — LANGAGE ET PENSÉE

« Le langage courant a depuis longtemps cessé
d'être la traduction instinctive d'un état d'âme ;
il ne pourra jamais non plus devenir la reproduction réfléchie de notre vie intellectuelle inté-

[1] Tout autre, au contraire, que celle d'une antiquité
considérable est la conclusion à tirer de l'opération qui
consiste à mettre à part en sanscrit, en grec, en latin,
dans les langues germaniques, etc., tous les vocables

rieure; ce qui revient à dire que le langage n'est
jamais adéquat à son objet[1] ».

Que faut-il entendre par les mots « adéquat à
son objet ? » A l'origine, le langage est un signe
appliqué inconsciemment aux choses. La conscience en a pris possession en tant que signe
traditionnel de ces choses. Par là, il a cessé
d'être la traduction *instinctive* d'un état d'âme,
mais il en est devenu la traduction raisonnée ou
consciente. Pourquoi sous cette forme ne réflé-
chirait-il pas notre vie intellectuelle intérieure ?
J'avoue ne pas comprendre. Faudrait-il pour qu'il
fût adéquat à son objet qu'il ait été créé tel par
un acte de conscience? Mais qu'importe qu'il y
ait eu substitution et que les anciens signes instinctifs aient été transformés en signes conscients? N'a-t-on pas abouti par là à cette *adé-
quation* dont notre auteur signale le défaut,
mais que je ne vois pas qu'il démontre ?

« Nous faisons comprendre tant bien que mal

qui sont des dérivés propres à ces langues. La partie
restante du vocabulaire, qu'on est en droit d'attribuer à
la langue mère, indique que celle-ci était d'une pau-
vreté de sens et de formes tout-à-fait primitive.

[1] *Op. cit.*, p. 47.

nos idées au moyen de signes grossièrement
approximatifs. [1] »

Que faudrait-il qu'ils fussent pour être adé-
quats à notre pensée ? Et comment nous rendons-
nous compte qu'ils ne le sont pas ? Ne le sont-ils
réellement pas pour qui *sait* sa langue, c'est-
à-dire pour qui a pris conscience de tous les
moyens dont on dispose pour exprimer sa pensée
à l'aide du langage? On voudrait (si la demande
n'impliquait pas contradiction) des exemples
de pensées qui manquent de moyens verbaux de
se manifester.

« Les procédés du langage sont inconscients[2]. »
Les procédés du langage sont inséparables des
matériaux du langage, c'est-à-dire des mots et
des éléments qui les composent. A ne considérer
qu'un mot pris isolément, les procédés du langage, en ce qui concerne ce mot, sont les variations de sens et de forme qu'il peut subir en
volant de bouche en bouche. Notre auteur l'a du
reste déclaré tout en commençant : «Il n'y a
pas de langage : il n'y a que des mots.» Eh bien !

[1] *Op. cit.*, p. 48.
[2] *Op. cit.*, p. 78.

est-ce que cela ne résout pas la fameuse question
qu'indique la formule « φύσει ou θέσει » ? L'attribution du sens au son s'est faite spontanément
et naturellement, dans les seules conditions qu'ad-
mette l'inconscience initiale des procédés du
parleur, à savoir par de premiers sons, signes
instinctifs et synthétiques de sensations synthétiques.

De plus, si les procédés du langage sont inconscients, si les mots se modifient sans que celui
qui les emploie s'en doute, ces modifications ne
se font-elles pas par les moyens essentiellement
inconscients — les seuls qui soient tels — de
l'évolution phonétique et de la dérivation, pour
ce qui est des sons et des formes, et par l'évolution sémantique en ce qui regarde les sens ?
Cela ne résout-il pas la question des premiers
développements ? Et, par surcroît, ne voilà-t-il
pas mes théories démontrées et *conclues* à l'aide
des prémisses mêmes posées par M. Henry ?

On peut, en empruntant à M. Henry l'appareil dialectique dont il s'est amusé à faire usage,
résumer son ouvrage de la manière suivante :

Thèse. — La linguistique est une science.

Antithèse. — Mais c'est une science qui ne peut rien nous apprendre.

Synthèse. — C'est apprendre quelque chose que d'apprendre qu'on ne sait rien.

Une chose certaine, c'est qu'il s'est évertué à prouver qu'il ne faut demander à la science du langage ni de livrer le secret des premiers développements de la parole humaine, ni de prêter à la philosophie le concours qu'elle se croyait en droit d'en attendre, ni de jeter les bases d'un système général d'étymologie, ni quoi que ce soit, en un mot, d'intéressant et d'utile. On a beaucoup parlé en ces derniers temps des prétendues déceptions auxquelles seraient exposés ceux qui placent leur confiance dans le progrès scientifique. Les *Antinomies linguistiques* ne sont pas de nature à venger la science de cette accusation mal fondée. Au contraire, l'auteur semble toujours prêt à s'écrier : Soyons assez sincères pour avouer notre faillite !

Si là est tout le bénéfice des théories de la Nouvelle grammaire, ce n'était peut-être pas la peine d'aller les chercher hors de France et d'en faire si grand état.

CONCLUSION

Le langage, considéré dans ses développements, est l'histoire des développements mêmes de l'esprit humain, écrite au jour le jour par les circonstances qui les ont déterminés sur la feuille blanche de l'entendement et de la mémoire. La psychologie évolutive de la race a donc pour document principal, sinon unique, le langage étudié dans la double suite de ses procédés logiques et significatifs. L'enchaînement chronologique des significations correspond exactement à l'apparition successive des idées conscientes au sein de l'intelligence humaine; de même que l'éclosion des catégories grammaticales, marquées par les parties du discours, s'est effectuée parallèle-

ment au progrès de la raison et des fonctions
logiques de la conscience. Si les mots concrets
ont précédé les mots abstraits, c'est que la
sensation synthétique a devancé dans l'âme
la réflexion analytique ; et si les noms de genre
apparaissent avant les désignations individuelles, c'est que les analogies, et pour la
même raison, ont été perçues et aperçues
avant les différences ; dans les deux cas, et
dans tous les cas, c'est que le langage est le
signe naturel de l'esprit, et qu'on ne saurait
connaître l'un sans l'autre.

Mais si la linguistique est à ce titre l'auxiliaire indispensable du logicien et du psycho-
logue, elle n'est pas sans fournir quelques
enseignements importants au métaphysicien
et au moraliste. Nous croyons même pouvoir dire que, dans ses rapports avec l'ensemble de la philosophie, elle figure parmi
les sciences qui sont le plus propres à nous
laisser entrevoir un coin du mouvement général des choses.

Constatons d'abord ce fait si suggestif que la matière du langage, la forme du vocable, l'étoffe sonore en quoi il consiste — la lettre, en un mot, — prend naissance avant que l'esprit ne s'y joigne, et cela pendant tout le cours de son évolution ou de sa création continue. Aujourd'hui encore, quand le développement verbal ou grammatical n'est pas intentionnel et artificiel, il s'effectue toujours dans les mêmes conditions qu'autrefois d'antériorité de la forme nue sur la forme utilisée et fécondée par le sens.

Tout indique qu'au début un concours de circonstances favorables fait que le cri, préexistant à la signification consciente, devient significatif dès qu'il est compris comme tel par la conscience, et que de l'état instinctif il passe ainsi à l'état raisonné. On ne saurait dire qu'il crée la conscience, puisque c'est la conscience — et ce ne peut être qu'elle — qui produit la métamorphose. Du reste, là où il y a perception, il y a au moins ébauche de

conscience, et, à ce titre, l'animal lui-même
n'est pas privé d'une certaine idée de sa per-
sonnalité. Le langage, on n'en saurait douter,
a été le grand promoteur du développement
de la conscience individuelle ; sans le langage,
l'homme serait resté à cet égard au niveau de
l'animal. Mais, comme nous l'avons vu, et
par un procédé rempli de mystère, ce levain
de l'intelligence est d'origine matérielle et
formelle. Sans formes préalables, point de
verbe significatif, point de langage réfléchi,
point de conscience véritable, point de raison.
La transformation de l'instinct en raison, la
causalité devenant une manière de penser
après avoir été une manière de sentir, tel est
le résultat du phénomène en vertu duquel le
cri a pu, par une attribution naturelle et
nécessaire, *signifier* la perception [1]. Ces mer-

[1] Il est probable que le langage des gestes n'aurait
jamais pu devenir par lui seul un langage, en raison
même de ce qu'il ne dispensait pas comme le cri, expression naturelle de la sensation, d'une convention préalable.

veilleux changements nécessitaient d'ailleurs,
pour pouvoir produire tous leurs effets, la
variabilité du cri dont les formes, en se multipliant selon le procédé habituel de la nature,
ont offert sans cesse de nouveaux moyens
d'expression à la sensibilité, de nouveaux
jalons au souvenir et, pour ainsi dire, de nouveaux miroirs à la conscience.

Mais, en faisant apparaître la raison consciente sur les ruines de l'instinct, le langage
n'était pas encore arrivé aux dernières conséquences de son action magique sur l'intel-
lect. Aidé de la raison, et de la science qui
procède d'elle, l'homme est devenu, sinon le
maître, du moins l'émule, le rival, et souvent
l'adversaire victorieux de la nature; il peut,
dans une mesure qui va sans cesse en s'accrois-
sant (le progrès), agir avec efficacité par elle,
sur elle et contre elle. Où s'arrêtera cette lutte
qu'excitent et justifient constamment de nouvelles conquêtes ? Il serait difficile de le dire.
Mais une chose qui paraît incontestable, c'est

qu'en pareil cas la servitude de la nature,
même dans les proportions les plus limitées,
ne saurait être que la liberté de l'homme.
Quelles que soient les chaînes secrètes qui le
rattachent au déterminisme universel, ce n'est
ni jeu de mots décevant, ni puérile illusion,
d'appeler liberté ce qui passe quand, entre la
volonté de la nature et la sienne, c'est la
sienne qui prévaut [1]. Et n'est-ce pas du même
coup trancher la question du pessimisme ? Si
nous pouvons exercer et accroître sans cesse

---

[1] Non seulement la volonté efficace de la raison
contraste avec la dépendance des forces naturelles,
mais celle-là est faite de celle-ci. Du reste, l'action de
l'homme sur la nature par la science n'est que la forme
élargie de la lutte de la raison contre l'instinct au sein de
l'individu. Dans l'un et l'autre cas, l'homme *peut être*
vainqueur; et voilà la liberté. — Il est bon, d'ailleurs,
de remarquer que la conquête de l'instinct individuel
est loin d'être achevée. Elle ne le serait que le jour où
la volonté rationnelle disposerait du jeu de tous les
organes, comme elle dispose déjà des gestes de la main
et du bras. Ne manquons pas d'ajouter que les empié-
tements de ce genre de la raison sur l'instinct individuel dépendent plutôt encore de la transformation
instinctive de l'instinct en raison, que des efforts mêmes
de la raison raisonnante.

notre liberté par la raison et la science, sommes-nous autorisés à nous dire fondamentalement et irrémédiablement malheureux ou, ce qui revient au même, à prétendre que nous manquons de réelles raisons d'agir et de vivre ?

Ces considérations, dont on n'a voulu tracer qu'une esquisse rapide, achèveront de montrer l'intérêt que présentent toutes les questions philosophiques dans lesquelles le langage est en jeu. Elles contribueront par là, l'auteur l'espère, à justifier le plan et le but de cet essai.

FIN

TABLE DES MATIÈRES

Lyon. — Imp. PITRAT AINÉ, A. REY Succ., 4, rue Gentil. 14660

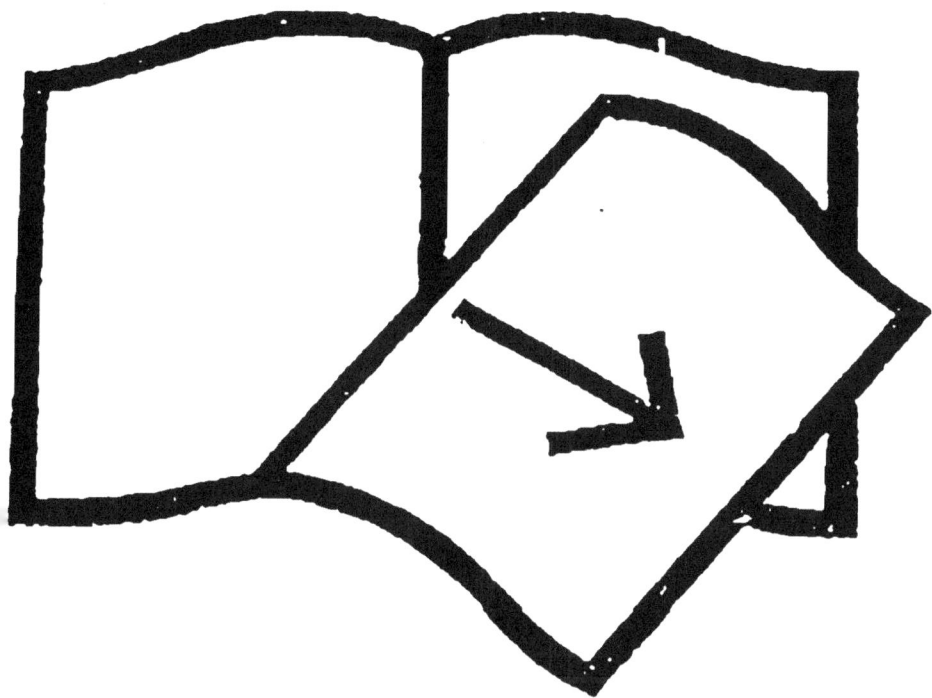

Documents manquants (pages, cahiers...)
NF Z 43-120-13

www.ingramcontent.com/pod-product-compliance
Lightning Source LLC
Chambersburg PA
CBHW070612100426
42744CB00006B/463